A COISA JULGADA INCONSTITUCIONAL

Pedro Eduardo Pinheiro Antunes de Siqueira

Mestre em Direito Público pela UERJ. Professor de Direito Processual Civil da EMERJ. Professor da Pós-Graduação da Escola Superior de Advocacia Pública e de Tutelas Diferenciadas da UERJ. Professor de Direito Processual Civil da UNESA.

A COISA JULGADA INCONSTITUCIONAL

RENOVAR

Rio de Janeiro • São Paulo • Recife
2006

Todos os direitos reservados à
LIVRARIA E EDITORA RENOVAR LTDA.
MATRIZ: Rua da Assembléia, 10/2.421 - Centro - RJ
CEP: 20011-901 - Tel.: (21) 2531-2205 - Fax: (21) 2531-2135
FILIAL RJ: Tels.: (21) 2589-1863 / 2580-8596 - Fax: (21) 2589-1962
FILIAL SP: Tel.: (11) 3104-9951 - Fax: (11) 3105-0359
FILIAL PE: Tel.: (81) 3223-4988 - Fax: (81) 3223-1176

LIVRARIA CENTRO (RJ): Tels.: (21) 2531-1316 / 2531-1338 - Fax: (21) 2531-18
LIVRARIA IPANEMA (RJ): Tel: (21) 2287-4080 - Fax: (21) 2287-4888

www.editorarenovar.com.br   **renovar@editorarenovar.com.br**
SAC: 0800-221863
© 2006 by Livraria Editora Renovar Ltda.

Conselho Editorial:

Arnaldo Lopes Süssekind — Presidente
Carlos Alberto Menezes Direito
Caio Tácito
Luiz Emygdio F. da Rosa Jr.
Celso de Albuquerque Mello (*in memoriam*)
Ricardo Pereira Lira
Ricardo Lobo Torres
Vicente de Paulo Barretto

Revisão Tipográfica: Julio Cesar Boto

Capa: Julio Cesar Gomes

Editoração Eletrônica: TopTextos Edições Gráficas Ltda.

№ 0517

CIP-Brasil. Catalogação-na-fonte
Sindicato Nacional dos Editores de Livros, RJ.

S310c	Siqueira, Pedro Eduardo Pinheiro Antunes de A coisa julgada inconstitucional / Pedro Eduardo Pinheiro Antunes de Siqueira. — Rio de Janeiro: Renovar, 2006. 227p. ; 21cm. ISBN 85-7147-547-4 1. Direito constitucional — Brasil. I. Título. CDD 346.81015

Proibida a reprodução (Lei 9.610/98)
Impresso no Brasil
Printed in Brazil

Biblioteca de teses

Os Cursos de Pós-Graduação têm se desenvolvido no Brasil, e a produção de teses tem sido elevada e de alto nível.

A Editora Renovar propõe na presente Biblioteca estimular a divulgação de obras que contribuam para o desenvolvimento da ciência jurídica brasileira, levando-as ao conhecimento do grande público.

No Direito as novidades estão, de um modo geral, nas teses e nas revistas especializadas.

Assim sendo, a Editora Renovar abre a sua linha editorial para os juristas que estão no início de sua carreira profissional como mestres e doutores. A Biblioteca tem esperança de que venha a constituir um estímulo a estes profissionais.

É mais uma prova de que acreditamos na qualidade das obras jurídicas brasileiras. A nossa linha editorial é marcada por uma rigorosa seleção realizada pelo Conselho Editorial, que reúne eminentes juristas.

Editora Renovar

BIBLIOTECA DE TESES RENOVAR

Posse da Segurança Jurídica à Questão Social
Marcelo Domanski

O Prejuízo na Fraude Contra Credores
Marcelo Roberto Ferro

A Pessoa Jurídica e os Direitos da Personalidade
Alexandre Ferreira de Assumpção Alves

Estado e Ordem Econômico-Social
Marco Aurélio Peri Guedes

O Projeto Político de Pontes de Miranda
Dante Braz Limongi

O Direito do Consumidor na Era da Globalização
Sônia Maria Vieira de Mello

As Novas Tendências do Direito Extradicional
Artur de Brito Gueiros Souza

Fundamentos para uma Interpretação Constitucional do Princípio da Boa-Fé
Teresa Negreiros

O Ministério Público Brasileiro
João Francisco Sauwen Filho

A Criança e o Adolescente no Ordenamento Jurídico Brasileiro
Maria de Fátima Carrada Firmo

Propriedade e Domínio
Ricardo Aronne

O Princípio da Proporcionalidade e a Interpretação da Constituição
Paulo Arminio Tavares Buechele

Condomínio de Fato
Danielle Machado Soares

Direito de Informação e Liberdade de Expressão
Luís Gustavo Grandinetti C. de Carvalho

A Saga do Zangão - Uma visão sobre o direito natural
Viviane Nunes Araújo Lima

Mercosul e Personalidade Jurídica Internacional
Marcus Rector Toledo Silva

Família sem Casamento
Carmem Lúcia S. Ramos

A Disciplina Jurídica dos Espaços Marítimos na Convenção das Nações Unidas sobre Direito do Mar de 1982 e na Jurisprudência Internacional
Jete Jane Fiorati

O Direito Econômico na Perspectiva da Globalização
César Augusto Silva da Silva

Os Limites da Reforma Constitucional
Gustavo Just da Costa e Silva

Hermenêutica e Argumentação — Uma Contribuição ao Estado do Direito
Margarida Maria Lacombe Camargo

O Referendo
Adrian Sgarbi

Segurança Internacional e Direitos Humanos
Simone Martins

Os Fundamentos e os Limites do Poder Regul. no Âmbito do Mercado Financeiro
Simone Lahorghe

O Direito Cibernético
Alexandre F. Pimentel

Conflitos entre Tratados Internacionais e Leis Internas
Mariângela Ariosi

Privatizações sob Ótica do Direito Privado
Henrique E. G. Pedrosa

A tutela de urgência no processo do trabalho: uma visão histórico-comparativa (Idéias para o caso brasileiro)
Eduardo Henrique von Adamovich

Jurisprudência Brasileira sobre Transporte Aéreo
José Gabriel Assis de Almeida

Superfície Compulsória — Instrumento de Efetivação da Função Social da Propriedade
Marise Pessôa Cavalcanti

As famílias não-fundadas no casamento e a condição feminina
Ana Carla Harmatiuk Matos

Invalidade processual: um estudo para o processo do trabalho
Aldacy Rachid Coutinho

A vida humana embrionária e sua proteção jurídica
Jussara Maria Leal de Meirelles

**O Princípio Constitucional da Dignidade da Pessoa Humana:
O Enfoque da Doutrina Social da Igreja**
Cleber Francisco Alves

Conversão Substancial do Negócio Jurídico
João Alberto Schützer Del Nero

**O Direito da Concorrência no Direito Comunitário Europeu —
Uma contribuição ao Mercosul**
Dyle Campello

Mercosul, União Européia e Constituição
Marcio Monteiro Reis

Direito Tributário e Globalização: Ensaio Crítico sobre Preços de Transferência
Jurandi Borges Pinheiro

Transexualismo. O direito a uma nova identidade sexual
Ana Paula Ariston Barion Peres

**Direitos Reais e Autonomia da Vontade
(O Princípio da Tipicidade dos Direitos Reais)**
André Pinto da Rocha Osorio Gondinho

A Paternidade Presumida no Direito Brasileiro e Comparado
Luís Paulo Cotrim Guimarães

Os Novos Paradigmas da Família Contemporânea
Cristina de Oliveira Zamberlam

O Mito da Verdade Real na Dogmática do Processo Penal
Francisco das Neves Baptista

**O Direito ao Desenvolvimento na Perspectiva da Globalização:
Paradoxos e Desafios**
Ana Paula Teixeira Delgado

Cooperação Jurídica Penal no Mercosul
Solange Mendes de Souza

Em Busca da Família do Novo Milênio
Rosana A. Girardi Fachin

Juizados Especiais Criminais
Beatriz Abraão de Oliveira

Princípio da Impessoalidade
Livia Maria Armentano Koenigstein Zago

Princípio da Subsidiariedade no Direito Público Contemporâneo
Silvia Faber Torres

Direito, Escassez e Escolha: em Busca de Critérios Jurídicos para Lidar com a Escassez de Recursos e as Decisões Trágicas
Gustavo Amaral

Decadência e Prescrição no Direito Tributário do Brasil
Francisco Alves dos Santos Jr.

Lesão Contratual no Direito Brasileiro
Marcelo Guerra Martins

Acesso à Justiça — Um problema ético-social no plano da realização do Direito
Paulo Cesar Santos Bezerra

Concurso Formal e Crime Continuado
Patrícia Mothé Glioche Béze

A Boa-fé e a Violação Positiva do Contrato
Jorge Cesa Ferreira da Silva

Responsabilidade Patrimonial do Estado por Ato Jurisdicional
Jílmar Fachin

Gestão Fraudulenta de Instituições de Instituição Financeira e Dispositivos Processuais da Lei 7.492/86
Juliano Breda

Contratos de Software "Shrinkwrap Licenses" e "Clickwrap Licenses"
Emir Iscandor Amad

Jurisdição Constitucional, Democracia e Racionalidade Prática
Cláudio Pereira de Souza Neto

Desconsideração da Personalidade Jurídica — Aspectos processuais
Osmar Vieira da Silva

O Dano Pessoal na Sociedade de Risco
Maria Alice Costa Hofmeister

Presunções e Ficções no Direito Tributário e no Direito Penal Tributário
Iso Chaitz Scherkerkewitz

Honra, Imagem, Vida Privada e Intimidade em Colisão com outros Direitos
Mônica Neves Aguiar da Silva Castro

A Lesão no Direito Brasileiro Atual
Carlos Alberto Bittar Filho

Repetição do Indébito Tributário — O Inconstitucional artigo 166 do CTN
Luis Dias Fernandes

Uma Análise da Textura Aberta da Linguagem e sua Aplicação ao Direito
Noel Struchiner

Direito Tributário versus Mercado
Marcos Rogério Palmeira

Direito à Educação
Regina Maria F. Muniz

O Abuso do Direito e as Relações Contratuais
Rosalice Fidalgo Pinheiro

A Legitimação dos Princípios Constitucionais Fundamentais
Ana Paula Costa Barbosa

A Participação Popular na Administração Pública: o Direito de Reclamação
Adriana da Costa Ricardo Schier

Do Pátrio Poder à Autoridade Parental
Marcos Alves da Silva

Paradigma Biocêntrico: Do Patrimônio Privado ao Patrimônio Ambiental
José Robson da Silva

O Discurso Jurídico da Propriedade e suas Rupturas
Eroulths Cortiano Junior

Terceirização e Intermediação de Mão-de-obra
Rodrigo de Lacerda Carelli

As Agências Reguladoras no Direito Brasileiro
Arianne Brito Rodrigues Cal

As Novas Tendências na Regulamentação do Sistema de Telecomunicações pela Agência Nacional de Telecomunicações — ANATEL
Lucas de Souza Lehfeld

A Renúncia à Imunidade de Jurisdição pelo Estado Brasileiro
Antenor Pereira Madruga Filho

A Mulher no Espaço Privado: Da Incapacidade à Igualdade de Direitos
Maria Alice Rodrigues

A Propriedade como Relação Jurídica Complexa
Francisco Eduardo Loureiro

O Conceito de Anulação ou Prejuízo de Benefícios no Contexto da evolução do GATT à OMC
Regina Maria de S. Pereira

O Direito de Assistência Humanitária
Alberto do Amaral Júnior

Contrato de Trabalho Virtual
Margareth F. Barcelar

O Direito de Resistência na Ordem Jurídica Constitucional Brasileira
Maurício Gentil Monteiro

Transformações do Direito Administrativo
Patrícia F. Baptista

A Privacidade da Pessoa Humana no Ambiente de Trabalho
Bruno Lewicki

Espaços Públicos Compartilhados entre a Administração Pública e a Sociedade
Renato Zugno

Estado, Sociedade Civil e Princípio da Subsidiariedade na Era da Globalização
Vania Mara Nascimento Gonçalves

A Relação entre o Interno e o Internacional
Estevão Ferreira Couto

As Normas Constitucionais Programáticas e o Controle do Estado
José Carlos Vasconcellos dos Reis

Responsabilidade Civil dos Pais pelos Actos dos Filhos Menores
Jeovanna Malena Vianna Pinheiro Alves

O Princípio da Impessoalidade da Administração Pública: para uma Administração Imparcial
Ana Paula Oliveira Ávila

Juizados Especiais Federais Cíveis
Alvaro Couri Antunes Souza

Regime Jurídico dos Incentivos Fiscais
Marcos André Vinhas Catão

A Liberdade de Imprensa e o Direito à Imagem - 2ª ed.
Sidney Cesar Silva Guerra

A Tutela Sucessória do Cônjuge e do Companheiro na Legalidade Constitucional
Ana Luiza Maia Nevares

Contribuições para o Financiamento da Seguridade Social: Critérios para Definição de sua Natureza Jurídica
Silvania Conceição Tognetti

O Conceito de Identidade e a Redesignação Sexual
Raul Cleber Silva Choeri

O Elo Perdido da Filiação: entre a verdade jurídica, biológica e afetiva no estabelecimento do vínculo paterno-filial
Rose Melo Vencelau

Controle não Societário
Ricardo Ferreira de Macedo

O Processo Civil como Estratégia de Poder
Carlos Augusto Silva

Comissões Parlamentares de Inquérito no Brasil
Jessé Claudio Franco de Alencar

Das Sesmarias à Propriedade Moderna: Fundamentos do Direito de Propriedade no Brasil
Laura Beck Varela

A Responsabilidade Civil pelos Riscos do Desenvolvimento
Marcelo Junqueira Calixto

Famílias Simultâneas: da unidade codificada à pluridade Constitucional
Carlos Eduardo Pianovski Ruzyk

A Proteção do Direito Adquirido sob o Prisma Civil-Constitucional – Uma perspectiva sistemático-analógica
Carlos Young Tolomei

Dano Moral: Critérios de Fixação de Valor
Wesley de Oliveira Louzada Bernardo

O Princípio do Devido Processo Legal Substantivo como Juízo de Adequação Hermenêutico-Concretizador do Conteúdo Essencial dos Direitos Fundamentais
Ruitemberg Nunes Pereira

Das Sesmarias à Propriedade Moderna: Um Estudo de História do Direito Brasileiro
Laura Beck Varela

As Técnicas de Reprodução Humana Assistida e a Necessidade de sua Regulamentação Jurídica
Silvia da Cunha Fernandes

A Responsabilidade Civil nos Contratos de Turismo em Face ao Código de Defesa do Consumidor
Luciana Padilha Leite Leão da Silva

A Criança e o Adolescente no Ordenamento Jurídico Brasileiro (2ª ed.)
Maria de Fátima Carrada Firmo

A Distanásia e a Dignidade do Paciente
Renato Lima Charnaux

Argumentação *contra legem* – A teoria do discurso e a justificação jurídica nos casos mais difíceis
Thomas Bustamante

O Direito à Moradia e o Contrato de Mútuo Imobiliário
Luciano de Souza Godoy

Fundamentos e Limites da Atribuição de Poder Normativo às Autarquias Autônomas Federais (Agências Reguladoras)
Gabriel de Mello Galvão

Un Estudio Comparativo de la Protección Legislativa del Consumidor en el Ambito Interno de los Paises del Mercosur
Mirta Morales

Tribunal Penal Internacional: a concretização de um sonho
David Augusto Fernandes

Imunidade Tributária e Contribuições para a Seguridade Social
Rogério Tobias de Carvalho

Próximos lançamentos

A Defesa do Consumidor na Estrutura Sócio-Econômica do Neo-Liberalismo
María Alejandra Fortuny

O Direito Frente às Famílias Reconstituídas
Rosane Felhauer

Franchising: Reflexos Jurídicos nas Relações das Partes
Roberto Cavalcanti Sampaio

O Regime Jurídico do Financiamento das Campanhas Eleitorais
Sergei Medeiros Araujo

Responsabilidade Objetiva do Estado do Rio de Janeiro por Omissão na Área de Segurança Pública
Antonio Cesar Pimentel Caldeira

Aspectos Constitucionais do Imposto Sobre Serviço de Comunicação
Guilherme Von Müller Lessa Vergueiro

Tributação Ambiental: a utilização de instrumentos econômicos e fiscais na implementação do direito do meio ambiente saudável
Lise Vieira da Costa Tupiassu

Diligência: O Dever Fundamental dos Administradores
Flávia Weiner Parente

Prudência, Jurisprudência e Ciência
Ângela Kretschmann

Dedido este livro aos meus pais, Pedro Paulo e Dulce Maria, em agradecimento pela educação que tive. Dedico, ainda, para a minha esposa Natália, pela ajuda inestimável na revisão do texto e idéias a ele incorporadas.

RESUMO

A coisa julgada é instituto processual indispensável ao Estado de Direito. Sua intangibilidade decorre da exigência de segurança jurídica. Atualmente, porém, tal intangibilidade vem sendo questionada: seria intocável a coisa julgada mesmo quando viola norma constitucional? teria um caráter absoluto? A doutrina tem estudado estas questões. Já surgiram opiniões de que a *res judicata* deve ser compreendida em um sentido relativo, sucumbindo diante de valores, princípios e regras constitucionais.

Para o afastamento da coisa julgada inconstitucional, alguns doutrinadores optam pela aplicação da técnica da ponderação de interesses, tendo em vista a norma do art. 5º, XXXVI, da CF. Outros entendem que o princípio da intangibilidade do caso julgado é infraconstitucional, não encontrando amparo no texto da Lei Fundamental, aplicando-se a regra de que a lei inferior é derrogada pela superior. Em outras palavras: a coisa julgada submete-se, como qualquer outra norma jurídica, ao princípio da supremacia da Constituição.

Para a retirada dos efeitos da coisa julgada inconstitucional, alguns instrumentos processuais são recomendados pela doutrina. Dentre eles: a ação rescisória, o mandado de segurança, os embargos à execução e a *querela nullitatis* (ação ordinária declaratória de nulidade absoluta).

Trata-se de tema controvertido, ainda longe de ser pacificado.

Prefácio

É com imensa alegria que recebi o convite para prefaciar a obra de Pedro Eduardo Siqueira.

Conheci o autor no Programa de Pós-Graduação da Faculdade de Direito da UERJ, quando desenvolvia sua dissertação de mestrado que hoje chega às livrarias.

Participei de sua banca de qualificação e, posteriormente, da defesa, oportunidade em que pude testemunhar a densidade do trabalho e a dedicação empregada no seu desenvolvimento.

Agora, relendo o texto, vejo que a banca, também integrada pelos ilustres professores Paulo Galvão e Francisco Mauro Dias, naquele dia 14 de novembro de 2003, agiu acertadamente ao atribuir à dissertação o grau máximo.

Trata-se de uma das melhores obras já escritas sobre o assunto. Tem conteúdo acadêmico, ao mesmo tempo que se preocupa com as implicações práticas das posturas teóricas assumidas.

Com efeito, a "Coisa Julgada Inconstitucional" é daqueles assuntos que exige do estudioso larga pesquisa bibliográfica e aprofundamento em temas afetos à política, filosofia, direito constitucional e processo civil.

Como se verá nas linhas a seguir, o autor se desincumbiu, com extrema habilidade e técnica, desse mister. Seu enfoque parte de um exame da coisa julgada em nível constitucional, abordando assuntos como segurança jurídica, justiça, proporcionalidade e ponderação de interesses.

A seguir, ingressa no exame processual da coisa julgada, analisando sua definição, natureza jurídica, limitações objetiva e subjetiva e funções positiva e negativa.

Na terceira parte, denotando todo o cuidado da pesquisa, são apresentados diversos posicionamentos doutrinários, iniciando pela clássica obra de Paulo Otero, passando por Humberto Theodoro Júnior, Candido Rangel Dinamarco e Teresa Arruda Wambier, entre outros.

Feito esse levantamento acadêmico, na quarta parte são examinados os instrumentos processuais que se prestam ao controle da coisa julgada inconstitucional e, por fim, apresentadas suas conclusões.

Por todas as razões já ditas, congratulamo-nos com o autor e sua Editora. Esperamos que os leitores aproveitem o texto e reflitam sobre tema tão relevante.

Rio de Janeiro, janeiro de 2006.

Humberto Dalla

SUMÁRIO

Resumo XV
Prefácio XVII
Introdução 1

1ª Parte
1. Estado de Direito, Legalidade e Separação de Poderes 13
1.1. Estado de Direito 13
1.2. Princípio da Legalidade 16
1.3. Princípio da Separação dos Poderes 22
2. A Constituição e o Controle de Constitucionalidade 29
2.1. A Constituição 29
2.2. O Controle de Constitucionalidade 31
3. Coisa Julgada, Segurança Jurídica e Justiça 39
3.1. Segurança Jurídica 39
3.2. Justiça 47
4. Coisa Julgada, Proporcionalidade e Ponderação de
   Interesses 55
4.1. Princípios da Proporcionalidade e da Razoabilidade 55
4.2. Ponderação de Interesses 62

2ª Parte
5. Natureza da Coisa Julgada 69
6. Conceito e Doutrina da Coisa Julgada 73

7. Coisa Julgada Formal e Material 83
8. Limites Subjetivos e Objetivos da Coisa Julgada 89
9. Função Positiva e Função Negativa da Coisa Julgada 93

3ª Parte
10. A Tese de Paulo Otero 97
11. A Tese de Cândido Rangel Dinamarco 101
12. A Tese de Humberto Theodoro Júnior 103
13. A Tese de José Augusto Delgado 107
14. A Tese de Ivo Dantas 111
15. A Tese de Francisco Barros Dias 115
16. A Tese de Teresa Arruda Alvim Wambier e José
    Miguel Garcia Medina 119
17. A Tese de Carlos Valder do Nascimento 121
18. A Tese de Alexandre Câmara 127
19. Nossa Posição 133

4ª Parte
20. Ação Rescisória 145
20.1. Origem 146
20.2. Cabimento 146
20.3. Natureza Jurídica e Procedimento 147
20.4. Violação à Constituição 149
20.5. Antecipação de Tutela em Ação Rescisória 152
20.6. Prazo 161
21. Embargos à Execução 165
21.1. Origem 165
21.2. Natureza Jurídica e Procedimento 168
21.3. Inexigibilidade do Titulo Executivo Judicial 170
22. Mandado de Segurança 177
22.1. Origem 177
22.2. Natureza Jurídica e Requisitos 181
22.3. Prazo 183
22.4. Mandado de Segurança Contra Decisão Judicial 188

22.5. Liminar 196
23. *Querela Nullitatis* 199
23.1. Origem 199
23.2. Natureza Jurídica e Procedimento 202
24. Conclusão 209

Referências Bibliográficas 217

INTRODUÇÃO

O instituto da coisa julgada é um instrumento essencial à segurança jurídica, um dos corolários do Estado de Direito. O princípio da intangibilidade da coisa julgada incide sobre todas as decisões que concedem ou denegam o pleito autoral, com o trânsito em julgado, emitidas pelo Judiciário. Pacificam-se os conflitos, obtendo-se, com a autoridade da coisa julgada, a certeza do Direito e a estabilidade das relações jurídicas.

Diante dos benefícios que este instituto traz, os processualistas, de uma forma geral, o tem colocado num pedestal. Uma vez transitada em julgado a decisão judicial, esgotados os meios previstos pela legislação processual para a sua impugnação, nada mais pode ser feito para sua desconstituição. O ensinamento doutrinário é no sentido de que a situação jurídica, objeto da sentença ou acórdão, se perpetua. Esta é a corrente amplamente majoritária em nosso direito processual.

A Constituição brasileira, atenta à necessidade de segurança jurídica, prevê a seguinte garantia em seu artigo 5º, XXXVI: "a lei não prejudicará o direito adquirido, o ato jurídico perfeito e a coisa julgada". Enxerga-se aí, com facilidade, uma regra de direito intertemporal. A presente dissertação não visa ao seu exame. O que importa aqui é a investigação do alcance desta regra com relação à coisa julgada.

A relevância do estudo da coisa julgada inconstitucional pode ser averiguada no fato de que, algumas vezes, os operadores do Direito deparam-se com decisões judiciais ilegítimas diante dos valores acolhidos na ordem constitucional. Quando já não há recursos, nem ações autônomas aptos a derrubarem seus efeitos, essas sentenças e acórdãos violadores do texto constitucional podem se cristalizar pelo decurso do tempo, nos termos das regras do direito positivo, ganhando *status* de intocáveis.

A justiça é um valor inerente ao Direito. Revela-se, dentre outros meios, através dos princípios e regras acolhidos na Lei Maior. Transgredido este conjunto de normas supremas, infringe-se também a justiça, fazendo surgir o descrédito, por parte dos cidadãos no Direito e, principalmente, no Poder encarregado de distribuí-la. Gera-se, assim, instabilidade e descontentamento. Ao acolher tal conduta, o Direito se transforma num instrumento contraditório, sedimentando, mesmo que excepcionalmente, a injustiça.

Diante deste quadro, questiona-se: devem ser consideradas intangíveis as decisões judiciais que apresentam conteúdo contrário à Carta Magna? O princípio da intangibilidade da coisa julgada tem caráter absoluto? Só é possível afastar-se a *res judicata* nas situações autorizadas expressamente pelo Código de Processo Civil? Se a resposta a estas indagações for positiva, forçosa será a conclusão de que as situações cobertas por tal manto de intangibilidade, mesmo afrontando a Constituição, legitimam-se e perpetuam-se na ordem jurídica pelo decurso do tempo.

O próprio ponto de partida para a solução desses questionamentos é controvertido. O debate a respeito da coisa julgada inconstitucional tem seu marco inicial na interpretação do supra exposto dispositivo constitucional (art. 5º, XXXVI, da CF): o princípio da intangibilidade da *res judicata* foi constitucionalizado no Direito brasileiro?

Para os que entendem constitucionalizado o princípio da intangibilidade da coisa julgada, a solução do problema deve passar pelo princípio da unidade da Constituição, que, segundo Klaus Stern, preconiza que nenhuma norma (princípio ou regra) da Lei Fundamental deve ser interpretada de forma isolada. Assim, as normas constitucionais que estão em uma relação de tensão recíproca devem ser harmonizadas, já que nenhum bem jurídico pode ser considerado como de hierarquia superior às custas de outro valor protegido, salvo se a própria Carta Magna assim o dispuser[1]. Para os que se encontram nesta linha de pensamento, estuda-se o choque entre o princípio da intangibilidade da coisa julgada e alguma outra norma da própria Lei Maior. Equaciona-se tal situação com a aplicação da técnica da ponderação de interesses.

Esta corrente trabalha com as características peculiares dos princípios. Segundo Ronald Dworkin, as regras jurídicas interagem conforme a lógica do "tudo ou nada". Vale dizer: quando duas destas normas entram em confronto, uma deve ser compulsoriamente afastada. Os princípios, por sua vez, têm uma dimensão própria de peso e importância, não percorrendo o mesmo caminho[2]. Robert Alexy conclui que os princípios são normas que ordenam a realização de algo na maior medida possível, qualificando-se como "comandos de otimização", que podem ser restringi-

---

1 STERN, Klaus. *Derecho Del Estado de La Republica Federal Alemana*. Madrid: Centro de Estúdios Constitucionales, 1987, pp. 293-294.
2 DWORKIN, Ronald. *Taking Rights Seriously*. Eighteenth printing. Cambridge: Harvard University Press, 2001, pp. 24-26.

dos a partir dos seguintes limites: a) de regras que possam excepcioná-los em determinado ponto e; b) da presença de outros princípios opostos que procuram, também, sua maximização[3].

Os princípios não se excluem em caso de colisão. O que acontece é que um prevalece sobre o outro, sem minar-lhe o núcleo essencial, diante do caso concreto. Em abstrato, não há como se apontar um princípio que seja sempre vencedor em caso de conflito. O mesmo princípio pode ser superior em uma determinada hipótese e, noutra, dar vez ao predomínio de um princípio anteriormente derrotado. Por esta razão, ensina-se que os princípios constitucionais não são absolutos.

A afirmação da relatividade dos princípios encontra ampla receptividade entre os juristas modernos. Note-se, especificamente quanto à coisa julgada, o ensinamento de Hans Kelsen:

> *Uma outra indagação é se, e em que medida, o instituto da coisa julgada, no rigoroso sentido desta palavra, é efetivamente estatuído dentro de um determinado ordenamento jurídico. Não é este, pois, o caso, se o ordenamento jurídico não exclui completamente a possibilidade de um processo, no qual a validade de uma norma individual, que representa uma decisão judiciária ou administrativa, pode ser abolida, se um tal processo é sempre possível, ainda que sob condições especialmente mais difíceis. Do mesmo modo se uma decisão trânsita em julgado, de uma autoridade judiciária ou administrativa, pode ser abolida por um ato do órgão legislativo.*

---

[3] ALEXY, Robert. *Teoria de Los Derechos Fundamentales*. Segunda reimpresión. Madrid: Centro de Estúdios Políticos y Constitucionales, 2001, pp. 86-89.

Pois, coisa julgada existe só num sentido relativo, não num estrito, i. e., num sentido absoluto; e praticamente mal significa outra coisa que executabilidade da decisão[4].

Na leitura do texto constitucional brasileiro, entretanto, nem todos os intérpretes encontram a consagração da intangibilidade da coisa julgada. Para estes, tal princípio tem amparo infraconstitucional. O raciocínio que utilizam para a correção das injustiças causadas pelas decisões judiciais que afrontam a Lei Fundamental parte de lição do mesmo Hans Kelsen: diante do escalonamento do ordenamento jurídico existente (que define uma hierarquia entre suas normas), a Constituição ocupa a camada jurídico-positiva mais alta[5]. Devem, pois, todas as demais espécies normativas, não importando a roupagem com que se revelam, render seu respeito à Norma Fundamental.

De acordo com essa posição, aplica-se o critério hierárquico de solução das antinomias. Segundo Norberto Bobbio, "o critério hierárquico, chamado também de *lex superior*, é aquele pelo qual, entre duas normas incompatíveis, prevalece a hierarquicamente superior: *lex superior derogat inferiori*"[6]. Esta corrente, ainda, se vale dos princípios de hermenêutica tipicamente constitucionais da supremacia da Constituição e do controle de constitucionalidade das normas.

---

4   KELSEN, Hans. *Teoria Geral das Normas*. Porto Alegre: Sergio Antonio Fabris, 1986, p. 139.
5   KELSEN, Hans. *Teoria Pura do Direito: Versão Condensada pelo Próprio Autor*. São Paulo: Revista dos Tribunais, 2001, p. 103.
6   BOBBIO, Norberto. *Teoria do Ordenamento Jurídico*. 10ª edição. Brasília: UNB, 1999, p. 93.

O princípio da supremacia da Constituição se faz presente em todas as relações jurídicas e se manifesta diante de todos os institutos e instrumentos da ordem vigente. Não apenas os atos dos Poderes Legislativo e Executivo devem-lhe estar submetidos: também o instituto da coisa julgada, referente ao ato típico exarado pelo Poder Judiciário, obedece a tal regra, sem privilégios. Este pensamento se coaduna com o sistema constitucional brasileiro, já que colocar sob a égide deste princípio os atos típicos dos demais Poderes, sem o fazer, igualmente, com os atos judiciais, significaria uma agressão ao princípio da separação dos Poderes, disposto no art. 2º, da CF.

A *res judicata* seria uma espécie de norma jurídica, do mesmo modo que uma lei, com a peculiaridade de pacificar o conflito de interesses submetido ao crivo do Judiciário. Atuaria, especificamente, para os que buscam, diante do litígio, uma solução junto ao Estado-Juiz. A este respeito, Hans Kelsen leciona que "a decisão judicial cria uma norma individual que deve ser considerada válida e, portanto, jurídica, contanto que não tenha sido anulada, da maneira prescrita pelo Direito, por ter sido a sua 'ilegalidade' verificada pelo órgão competente"[7].

A saída preconizada para a desconstituição dos efeitos da coisa julgada, segundo este pensamento, seria a aplicação do mecanismo de controle de constitucionalidade das normas: uma norma de inferior hierarquia (no caso, a decisão imunizada pelo princípio da intangibilidade da coisa julgada) deve ser retirada do ordenamento vigente quando viola a Carta Magna (suas regras e princípios).

Ambas as correntes consideram que, no corpo da Carta da República, encontram-se os anseios dos diversos setores

---

7   KELSEN, Hans. *Teoria Geral do Direito e do Estado*. São Paulo: Martins Fontes, 2000, p. 229.

e camadas do povo que compõem o Estado. O caráter compromissório da Norma Maior deve ser preservado pelo operador do Direito. Além disso, a ordem constitucional é criada para durar no tempo. Como menciona Luís Roberto Barroso, a Constituição de um Estado deve ser instituída para durar e sobrepairar aos entrechoques políticos e econômicos que porventura possam ocorrer. Isto não significa, entretanto, que a Carta Política possa visar à perenidade[8], mas que deve haver um esforço para sua preservação. Não se deve ceder lugar ao predomínio de injustiças, que com ela não se coadunam.

Cabe, dessa maneira, àqueles que manejam as leis e os institutos jurídicos, em deferência a estas escolhas pactuadas pelo povo, dar aos atos normativos existentes conformação às regras e princípios da Constituição. A este exercício de hermenêutica já se chamou de "filtragem constitucional"[9]. Note-se, todavia, que nenhuma das correntes que buscam solução para o caso julgado inconstitucional propõe um rompimento com o princípio da intangibilidade da coisa julgada, o que causaria grave perda à segurança jurídica. Procura-se, portanto, no presente trabalho, colocar em prática a idéia de que toda a ordem jurídica, sob perspectiva formal e material, incluindo-se o ato decisório processual que se reveste da autoridade da coisa julgada, deve passar pelo filtro axiológico da Constituição. Ou seja: há que se fazer uma releitura e uma atualização do instituto processual da *res judicata*.

---

8   BARROSO, Luís Roberto. *O Direito Constitucional e a Efetividade de Suas Normas: Limites e Possibilidades da Constituição Brasileira*. 4ª edição ampliada e atualizada. Rio de Janeiro: Renovar, 2000, p. 51.
9   Ver a este respeito SCHIER, Paulo Ricardo. *Filtragem Constitucional: Construindo uma Nova Dogmática Jurídica*. Porto Alegre: Sergio Antonio Fabris Editor, 1999.

O tema é extremamente polêmico e o debate está apenas no início. O que se faz aqui é trazer alguns entendimentos já presentes na doutrina, acrescentando-lhes algumas idéias. Através da aplicação da moderna hermenêutica constitucional, enquadra-se o princípio da intangibilidade da coisa julgada no sistema jurídico positivado, respeitando-se os princípios constitucionais.

Em síntese: em determinados momentos, é salutar à ordem jurídica do Estado que a coisa julgada tenha seus efeitos desconstituídos para que a Constituição seja preservada. Basicamente, dois raciocínios podem socorrer esta tese, relativizando a *res judicata*. O primeiro parte da premissa de que a coisa julgada tem berço constitucional (no inciso XXXVI do artigo 5º). Neste caso, procede-se à técnica da ponderação de interesses, fazendo com que a decisão judicial transitada em julgado seja desconstituída diante do caso concreto. O segundo pensamento compreende a coisa julgada como uma espécie de norma jurídica de assento infraconstitucional, submetendo-a ao controle de constitucionalidade e retirando-a do ordenamento jurídico toda vez que contrastar com a Constituição.

Chama-se, ainda, atenção para o fato de que a coisa julgada pode ser classificada de inconstitucional, unicamente, em momento superveniente à sua formação. Anteriormente, não há tal possibilidade. Decidindo o STF pela inconstitucionalidade ou constitucionalidade de determinada norma jurídica (em controle abstrato) enquanto o processo judicial está em curso, o juízo, obrigatoriamente, terá que acatá-la, eis que vinculante (art. 102, § 2º, CF c/c art. 28, Lei 9868/99)

Esta dissertação apresenta e analisa os princípios materiais e formais da Constituição e a legislação infraconstitucional, relacionados de forma direta com a problemática da *res judicata*. Em seguida, a partir da hermenêutica jurídica em geral e, ainda, da interpretação constitucional através de alguns de seus princípios típicos, estuda-se a possibilidade da relativização da coisa julgada. Neste trajeto, visitam-se algumas teorias desenvolvidas sobre a coisa julgada inconstitucional, especialmente no Brasil, e os instrumentos processuais aptos à sua impugnação.

Cumpre informar, por fim, que o conteúdo desta dissertação de mestrado é ligado à linha de pesquisa dos Princípios e Normas da Pós-Graduação em Direito da Universidade do Estado do Rio de Janeiro.

1ª PARTE

De início, cumpre estabelecer a base sobre a qual equacionar-se-á a questão da coisa julgada inconstitucional. Como a *res judicata* é instituto fundamental ao Estado de Direito, expomos, nesta parte, as principais características deste princípio geral adotado em nossa Carta Política (art. 1º, *caput*), bem como seus princípios componentes, que ligam-se, diretamente, com a desconstituição dos efeitos da coisa julgada inconstitucional.

1. ESTADO DE DIREITO, LEGALIDADE E SEPARAÇÃO DE PODERES

O instituto da coisa julgada revela-se como um dos instrumentos do Estado de Direito, já que é um dos corolários da segurança jurídica. É interessante, pois, uma breve exposição a seu respeito, com um exame um pouco mais detalhado de dois de seus princípios: o princípio da legalidade e o princípio da separação de Poderes, imprescindíveis ao estudo da possibilidade do afastamento da *res judicata* que contraria a Constituição.

1.1. Estado de Direito

Com o advento do Estado de Direito (século XIX), surge o Direito Público. Segundo Otto Mayer, "temos diante de nós o fato da existência de um direito público administrativo que se aplica à administração, ao lado daquele atribuído às relações civis"[10]. O direito civil, que antigamente regulava os temas relativos a Administração Pública, perde espaço e, gra-

---

10 MAYER, Otto. *Derecho Administrativo Alemán: Tomo I*, **Parte General**. Buenos Aires: Depalma, 1949, p. 68.

dativamente, vai ficando restrito às relações privadas. Produz-se, assim, uma mudança nos princípios reitores da delimitação da competência do Estado.

Importa, a partir desse momento, a soberania da lei. Esta paira sobre todas as atividades do Estado. A ela está submetido o Poder Executivo e, conseqüentemente, o ato administrativo. A Administração Pública, para haver-se conforme o Direito, deve pautar sua conduta pelas regras jurídicas editadas. Sua ação deve ser, na medida do possível, dirigida pelas leis[11]. Não se trata, somente, de transferir do rei para o povo a produção do Direito, nem de se reduzirem os atos de mando à mera particularização de leis gerais. Todas estas providências se encontram a serviço de uma idéia substancial: assegurar as liberdades dos súditos frente a um poder transcendente[12].

Intervenções na liberdade e na propriedade do indivíduo, dali por diante, somente seriam consideradas legítimas se encontrassem base em um permissivo legal. Em conseqüência, a Administração Pública passou a guiar suas ações pelos preceitos da lei e não pela vontade do soberano. Além disso, a lei, estabelecida por um processo na Constituição, possuía uma forma unívoca, sendo produzida pela deliberação e acordo parlamentares, revelando-se como base das demais normas do ordenamento jurídico (o que introduziu uma hierarquia das fontes do Direito Administrativo). Ocorreu, ainda, a limitação da Administração Pública[13].

---

11 MAYER, Otto. Op.cit., pp. 73-80.
12 ENTERRÍA, Eduardo García e FERNÁNDEZ, Tomás-Ramón. *Curso de Derecho Administrativo, Vol. I*. Décima edición. Madrid: Civitas, 2000, p. 432.
13 FORSTHOFF, Ernst. *Tratado de Derecho Administrativo*. Madrid: Instituto de Estudios Políticos, 1958, p. 57.

Observando-se as características do Estado de Direito, pode-se concluir pela existência de princípios formais: o sistema da separação de Poderes, com a vinculação do Executivo à lei e ao Direito; o controle da ação estatal através de regras procedimentais (procedimentos legislativos, administrativos e jurisdicionais) para proteção contra o arbítrio; a criação de mecanismos de controle judicial com a função de observância das normas jurídicas. Ao seu lado, também se percebe a formação de princípios materiais (quanto ao conteúdo), residentes especialmente nas garantias dos direitos fundamentais[14].

O Estado de Direito, por ser uma noção geral e inicial, em determinados momentos históricos, foi alvo de distorções da parte dos governantes. Alguns autores, por esse motivo, o conceberam como um conceito vazio ou uma "fórmula mágica". Um exemplo disso foi o que se deu no Estado alemão durante o governo de Hitler. Para os doutrinadores alemães daquele tempo, simpáticos à "causa" do ditador, a Alemanha vivia um Estado de Direito pleno.

Um conceito de tal forma aberto propicia uma redefinição do seu conteúdo, com maior ou menor intensidade, em épocas diferentes, segundo as necessidades das classes dominantes. O importante, contudo, é que sempre esteja presente nesta noção um valor inexpugnável: a eliminação do arbítrio no campo das atividades estatais incidentes sobre as posições dos cidadãos[15]. O Estado de Direito possui uma conotação substancial: em primeiro lugar, liga-se à proteção e promoção do desenvolvimento das forças natu-

---

14 ZIPPELIUS, Reinhold. *Teoria Geral do Estado*. 3ª edição. Lisboa: Fundação Calouste Gulbenkian, 1997, p. 384.
15 ZAGREBELSKY, Gustavo. *Il Diritto Mite*. Nuova edizione. Torino: Enaudi, 1992, pp. 20-21.

rais dos indivíduos e da sociedade; em segundo lugar, refere-se à presença da lei (ato deliberado por um Parlamento representativo) como garantia dos seus direitos[16].

É importante a menção de que o *Rechtsstaat*, o Estado de Direito da Europa Continental, e o *Rule of Law* britânico se diferenciavam. Este último se orientava através da dialética do processo judiciário, mesmo desenrolando-se no Parlamento. O *Rechtsstaat* continental, por seu turno, tinha por alvo o soberano que decidia unilateralmente. No *Rule of Law*, o desenvolvimento do Direito deu-se por um processo historicamente aberto, enquanto, no continente, ligado ao jusnaturalismo, trabalhava-se a idéia de um Direito universal, atemporal.

A partir da experiência social concreta, moldou-se o *Rule of Law*, ao passo que o *Rechtsstaat* desenvolveu-se a partir de seus princípios normativos. O desejo de banir a injustiça preencheu o *Rule of Law* de concretismo. Já a idéia de Direito do *Rechtsstaat* encontrava seu ponto de partida no ideal da justiça abstrata. O *Rule of Law* do século XIX se transformou no princípio da soberania do Parlamento[17]. Os Estados do continente europeu que adotaram o *Rechtsstaat* vivenciam, até os dias de hoje, de uma forma geral, o princípio do controle de constitucionalidade.

1.2. Princípio da Legalidade

O princípio da legalidade compõe com destaque o Estado de Direito. Norberto Bobbio define este princípio da seguinte forma:

---

16   ZAGREBELSKY, Gustavo. *Op. cit.*, pp. 22-24.
17   ZAGREBELSKY, Gustavo. *Op. cit.*, p. 28.

(...) Entende-se por Princípio de Legalidade aquele pelo qual todos os organismos do Estado, isto é, todos os organismos que exercem poder público, devem atuar no âmbito das leis, a não ser em casos excepcionais expressamente preestabelecidos, e pelo fato de já estarem preestabelecidos, também perfeitamente legais. O Princípio da Legalidade tolera o exercício discricionário do poder, mas exclui o exercício arbitrário[18].

Otto Mayer deu grande contribuição ao tema no início do século XX. Escreveu o publicista que a lei, ato legislativo editado de acordo com as regras constitucionais, regia toda a atividade do Estado. Além disso, ressaltou que a lei não poderia ser validamente anulada, modificada ou privada de seus efeitos por nenhuma outra via. Por sua vez, ela anularia todos os atos já emitidos em nome do Estado que lhe fossem contrários. A isso denominava-se a "preferência da lei"[19], em decorrência da qual os atos dos Poderes Executivo e Judiciário se submetiam à lei numa ordem hierárquica, não podendo contrastar com ela, sob pena de invalidade[20].

Observou o jurista alemão que, em determinadas hipóteses, a Constituição colocava a lei como condição indispensável à atividade estatal. Em outros casos, a Administração Pública se achava livre para agir, em virtude de sua própria força (não em virtude da lei). Nas hipóteses em que se vinculava a ação do Executivo à lei, tinha-se a inci-

---

18 BOBBIO, Norberto. "Legalidade" in VVAA, *Dicionário de Política*, Vol. 2 (org. Norberto Bobbio, Nicola Matteucci e Gianfranco Pasquino). 5ª edição. Brasília: UNB, 2000, p. 674.
19 MAYER, Otto. *Op. cit.*, p. 95.
20 GUASTINI, Riccardo. "Legalità (Principio di)" *in Digesto*. 4ª edição. Turim: Utet, 1990, p. 87.

dência da reserva de lei[21]. Esta técnica não era conhecida nos sistemas liberais do século XIX presididos pela idéia da soberania do Parlamento. Estes compreendiam tal ato normativo como expressão da vontade popular, através dos seus representantes parlamentares, tendo por conseqüência uma correlativa ilimitação material. Ou seja, tudo pertencia ao âmbito da lei. Esta poderia se imiscuir em qualquer assunto porque emanada do órgão de maior *status* dentro do Estado. Conclusão: não se poderia falar em reserva de lei.

O contexto histórico, todavia, era diferente nas monarquias germânicas que adotaram uma Constituição a partir de 1815, o que fez com que lá germinasse a técnica em questão. Nestas, a lei não era materialmente ilimitada, mas sim uma norma reservada ao rol de questões apontadas pela Constituição como de atuação do príncipe com vinculação à intervenção do Parlamento, através do seu ato típico[22].

Na atualidade, a reserva de lei não é uma forma de delimitação do espaço pertencente à lei, mas um modo de impedir-se que, na zona que lhe cabe, a Administração edite, genérica ou substantivamente, um ato administrativo. A reserva de lei também funciona como uma limitação para o Legislativo. O legislador fica impedido de adotar para determinadas matérias, quando a Constituição exigir a reserva de lei, medidas deslegalizadoras[23].

O principal problema da reserva de lei é estabelecer a sua intensidade. O jurista italiano Mortati realizou, para

---

21 MAYER, Otto. *Op. cit.*, p. 98.
22 MORALES, Ángel Garrorrena. "Reserva de Ley" in VVAA *Temas Básicos de Derecho Constitucional* (org. Manuel Aragon Reyes), Tomo I. Madrid: Civitas, 2001, p. 301.
23 MORALES, Ángel Garrorrena. *Op. cit.*, p. 303.

tanto, a distinção entre reserva relativa, reserva absoluta e reserva reforçada. A reserva relativa é aquela em que basta à lei cobrir as principais diretrizes do tema regulado. Reserva absoluta ocorre quando a lei deve fixar a inteira disciplina da matéria, deixando ao ato administrativo unicamente a regulamentação de sua execução. Reforçada é a reserva em que a Constituição impõe à lei um determinado conteúdo[24].

Luís Roberto Barroso aponta, ainda, a existência da classificação em reserva formal de lei e reserva material de lei, *in verbis*:

Haverá reserva de lei formal quando determinada matéria só possa ser tratada por ato emanado do Poder Legislativo, mediante adoção do procedimento analítico ditado pela própria Constituição, que normalmente incluirá iniciativa, discussão e votação, sanção-veto, promulgação e publicação. A Constituição contempla, de outra parte, atos normativos que, embora não emanados diretamente do Legislativo, têm força de lei. Dizem-se, assim, atos materialmente legislativos, gênero onde se situam espécies normativas como as medidas provisórias e as leis delegadas[25].

A doutrina espanhola atual não acolheu a classificação italiana (de Mortati), sob o fundamento de que há, na prática, dificuldade de se estabelecer quando uma reserva pertence a um ou outro tipo. Preferiu abordar o tema de forma unitária. Consoante Garrorrena Morales, o princípio da reserva de lei não exclui a possibilidade de que leis conte-

---

24 MORALES, Ángel Garrorrena. *Op. cit.*, p. 306.
25 BARROSO, Luís Roberto. *Temas de Direito Constitucional, Tomo II*. Rio de Janeiro: Renovar, 2003, pp. 300-301.

nham remissões a outras normas regulamentares. Não é possível, todavia, uma regulamentação independente de tais atos ou sem subordinação à lei. Concretamente, pode-se dizer que a intensidade da reserva será maior na medida em que atinja mais diretamente os direitos fundamentais. Quando a reserva afeta a organização da Administração, esclarece o professor espanhol, a possibilidade de exarar-se ato administrativo para a regulamentação do tema é muito maior[26].

É possível tomar-se o termo "lei", ainda, no sentido genérico de lei material (norma jurídica e direito objetivo). Assim considerado, o princípio da legalidade é uma conseqüência da doutrina política que vê não na lei, mas na própria Constituição (no Poder Constituinte), a expressão da soberania[27]. O legislador também está sujeito ao princípio em tela, revelando-se um "princípio de legalidade constitucional" (ou melhor dizendo, de legitimidade)[28].

Neste quadro, o hermeneuta deve atentar para o fato de que a *res judicata* é uma espécie de norma jurídica[29]. Pelo princípio da legalidade, o correto é entendê-la submissa à Constituição, norma máxima do ordenamento jurídico, dando-se ênfase à "legalidade constitucional" (que paira sobre todos os atos e normas jurídicas do sistema jurídico). A coisa julgada não se forma, tão-somente, de acordo com a lei, mas, acima de tudo, em conformidade com a Constituição.

A noção da existência de uma "superlegalidade" já existe há muitos anos na doutrina italiana. Veja-se, a respeito, o escólio de Piero Calamandrei:

---

26 MORALES, Ángel Garrorrena. *Op. cit.*, p. 307.
27 GUASTINI, Riccardo. *Op. cit.*, p. 86.
28 GUASTINI, Riccardo. *Op. cit.*, p. 90.
29 Posição de Hans Kelsen já transcrita na introdução deste trabalho.

(...) Por cima das leis ordinárias, que no precedente ordenamento de Constituição flexível representam a mais alta e ilimitada expressão de vontade do Estado, se colocam hoje, como suprema fonte do ordenamento jurídico, as leis constitucionais, as quais se distinguem das ordinárias não só pelo seu conteúdo, senão também pela sua forma (enquanto tenham sido aprovadas como tais pela Assembléia Constituinte, ou tenham sido aprovadas posteriormente com aquele procedimento legislativo especial mais solene...). Assim, em virtude da existência no vértice do Estado destas superleis que constituem limites para o próprio legislador ordinário, existe hoje, por cima da legalidade, uma superlegalidade à qual as leis ordinárias devem se ajustar, para serem válidas[30].

Por conta deste raciocínio é que o mesmo Piero Calamandrei assevera: "surge desta maneira o conceito, que à primeira vista poderia parecer absurdo, de uma *lei ilegal* (= *inconstitucional*), de uma lei ordinária que é ilegal não porque sua forma seja irregular, senão porque seu conteúdo não é conforme à Constituição"[31]. A partir desta lição, acrescentamos: uma coisa julgada cujo conteúdo não se encontra harmonizado com o da Lei Fundamental, por ser uma norma jurídica similar à lei ordinária, deve seguir o mesmo destino dessa última: ser extirpada do ordenamento jurídico.

Na atualidade, o princípio da legalidade se reduz a duas questões fundamentais. Em primeiro lugar, a observação da submissão da ação administrativa à totalidade do siste-

---

30 CALAMANDREI, Piero. *Direito Processual Civil, Vol. III, Estudos Sobre o Processo Civil*. Campinas: Bookseller, 1999, pp. 38-39.
31 CALAMANDREI, Piero. *Op. cit.*, p. 39.

ma normativo (respeitar as leis emanadas do Parlamento, tratados internacionais, normas do governo com força de lei e, acima de tudo, a Constituição). Em segundo posto, a opção entre os regimes de vinculação positiva ou negativa à lei, vale dizer: saber se a Administração necessita de uma prévia habilitação conferida por uma lei (ou norma equivalente) para realizar qualquer tipo de atividade[32].

Quanto aos direitos fundamentais, a Administração Pública não pode limitá-los sem estar previamente autorizada para tanto por uma lei. Por outro lado, atuando o ente público sem restringir as situações jurídicas dos administrados (ex. atividades de caráter prestacional ou subvencional, de fomento e de serviços públicos), não há a necessidade de amparo de lei, vigorando o regime de vinculação negativa[33]. A melhor conclusão a respeito do tema, considerando-se o mundo globalizado de hoje, é a de que não se pode pretender a aplicação do regime positivo em todos os casos à Administração Pública. Não há Poder Legislativo no mundo que possa produzir normas em massa como requer a sociedade moderna. Este é, inclusive, o posicionamento majoritário da doutrina européia[34].

1.3. Princípio da Separação dos Poderes

Há outro relevante princípio que, aos moldes da legalidade, instrui o Estado de Direito e possibilita o exame da desconstituição da coisa julgada violadora da Constituição:

---

32 PASTOR, Juan Alfonso Santamaría."Principio de Legalidad" in *VVAA Temas Básicos de Derecho Constitucional (org. Manuel Aragon Reyes), Tomo I*. Madrid: Civitas, 2001, p. 312
33 PASTOR, Juan Alfonso Santamaría. *Op. cit.*, p. 313.
34 PASTOR, Juan Alfonso Santamaría. *Op. cit.*, p. 313.

a separação de Poderes, que afirma uma forma isonômica de tratamento dos Poderes (na verdade, das funções) do Estado e de seus atos típicos.

Este princípio político-constitucional traduz a forma clássica de expressar a necessidade de distribuição e controle do exercício do poder político, sendo, por tal motivo, fundamental para o Estado Constitucional Democrático[35]. Karl Loewenstein ensina que, com a separação de Poderes, se reconhece que o Estado tem determinadas funções a cumprir (e, para melhor exercê-las, há divisão do trabalho), e que os destinatários do Poder são beneficiados se tais funções forem realizadas por órgãos diferentes (a teoria, através de tal distribuição do Poder, visa a coibir abusos)[36].

Desde a Antigüidade, a ciência política procurou denominar e classificar as diversas manifestações do poder estatal. Aristóteles observava, na *polis*, três operações principais: a deliberação (através da assembléia), o mando (exercido pela magistratura) e a justiça (atribuída aos Tribunais). Esta imagem correspondia à organização de então. Não é correto, contudo, ver nesse pensador grego as origens da teoria da separação de Poderes, já que ele se empenhava, unicamente, em discernir as diversas formas de atividade dos órgãos estatais[37] (não procurando estabelecer uma repartição das funções com base na distinção dos ob-

---

35 BARACHO, José Alfredo de Oliveira. *Processo Constitucional*. Rio de Janeiro: Forense, 1984, p. 26.
36 LOEWENSTEIN, Karl. *Teoría de La Constitución*. Segunda edición. Barcelona: Ariel, 1976, p. 55.
37 Denominamos estes órgãos de estatais porque, consoante parte da doutrina, existiu o chamado "Estado Grego". Vide DALLARI, Dalmo de Abreu. *Elementos de Teoria Geral do Estado*. 24ª edição. São Paulo: Saraiva, 2003, p. 63.

jetos que correspondem a cada uma delas). Aliás, ele admitia que, ao mesmo tempo, uma mesma pessoa fizesse parte da Assembléia Deliberante, da Magistratura e do Tribunal[38].

Foi Locke, nos tempos modernos, o primeiro que alertou sobre a utilidade de separarem-se os Poderes, embora não tenha desenvolvido uma teoria clara sobre o assunto. Em seu *"Two Treatises of Government"* (1690), inspirado pelos fatos que imperavam na Inglaterra daquela época, recomendava, em certa medida, a separação dos Poderes Legislativo e Executivo em órgãos distintos. Este autor, todavia, não chegava a afirmar isto de forma absoluta, nem a tratá-los como Poderes iguais e independentes entre si[39].

A verdadeira fórmula da teoria moderna da separação de Poderes aparece em 1748 com Montesquieu ("O Espírito das Leis", livro XI, capítulo VI,). Geralmente, atribui-se ao escritor francês uma teoria rígida e inflexível, o que não é correto. A tendência mais aceita é a que enxerga, na fórmula do autor clássico, uma distinção funcional entre os órgãos do Estado. Referindo-se a este fato, escreve Simone Goyard-Fabre:

> *Este capítulo não elabora uma teoria, como se costuma repetir, da "separação dos poderes", mas da "balança dos poderes". (...) As competências de um "poder" não poderiam invadir as competências de outro. Portanto, o importante não é que esses poderes sejam separados, mas que suas atribuições, determinando suas respectivas tarefas, obedeçam a uma divisão e uma distribuição*

---

38 CARRÉ DE MALBERG, R.. *Teoría General del Estado*. Segunda edición, segunda reimpresión. México, D.F.: Fondo de Cultura Económica, 2001, p. 742.
39 CARRÉ DE MALBERG, R.. *op. cit.*, p. 742.

correspondentes a um princípio de equilíbrio. E, em sua dinâmica, esses poderes devem funcionar "concertadamente". Tal "balança" das instâncias governamentais, estabelecida sob a Constituição e no respeito das formas legais, impede não apenas os desvios que ocasionariam as invasões de competência de um órgão institucional no outro, mas também os abusos ou descaminhos de poder: assim os mecanismos representativos, o bicamerismo, a ponderação das prerrogativas, o controle recíproco dos diversos órgãos, a fixação da ordem do dia das assembléias etc. constituem outros tantos procedimentos favoráveis ao equilíbrio de um governo[40].

Montesquieu asseverava que todo homem que tem poder é levado a abusar dele. Daí a necessidade, pela natureza das coisas, de que o poder freasse o poder. Segundo este autor, há três espécies de Poderes: o Legislativo; o Executivo das coisas que dependem do direito das gentes; e o Executivo das que dependem do direito civil. Pelo primeiro, as leis são elaboradas ou corrigidas. Pelo segundo, faz-se a paz ou a guerra, enviam-se ou recebem-se embaixadas, estabelece-se a segurança e previnem-se invasões. Pelo terceiro, os crimes são punidos ou julgadas as demandas dos particulares[41].

Tais funções não poderiam estar presentes na mesma pessoa ou conjunto de pessoas, sob pena de não haver mais liberdade. O Executivo deveria ser composto por um Monarca; o Legislativo, por uma Câmara Baixa (com representantes do povo) e uma Câmara Alta (com os nobres); o

---

40 GOYARD-FABRE, Simone. *Os Princípios Filosóficos do Direito Político Moderno.* São Paulo: Martins Fontes, 1999, pp. 240-241.
41 MONTESQUIEU, Charles de Secondat, Baron de. *O Espírito das Leis.* 7ª edição. São Paulo: Saraiva, 2000, p. 166-167.

Judiciário, por pessoas tiradas do seio do povo, em certas épocas do ano, da maneira prescrita pela lei, formando um tribunal que durasse somente enquanto houvesse necessidade[42].

O Judiciário, na visão de Montesquieu, seria um Poder politicamente nulo ("a boca que pronuncia as palavras da lei"). O autor ocupou-se, pois, da questão dos freios entre os Poderes Legislativo e Executivo. Na sua sistemática, o Poder Executivo deveria ter o direito de frear as iniciativas do corpo legislativo, para que este último não se tornasse despótico (atribuindo-se todo o poder imaginável). Por outro lado, não era preciso que o Legislativo tivesse, de forma recíproca, a faculdade de frear o Executivo: a execução teria limites por sua própria natureza, sendo inútil restringi-la (além do fato de que o Poder Executivo exerce-se sempre sobre coisas de momento)[43].

A concepção rígida do princípio da separação de Poderes, acolhida na Constituição francesa de 1791, não encontra raízes nem em Locke (*"Two Treatises on Government"*), nem em Montesquieu (*"Esprit des Lois"*). O último doutrinador, inclusive, entendia que deveria existir uma ação contínua dos Poderes políticos (Executivo e Legislativo), um sobre o outro, numa espécie de colaboração[44]. Fez até uma distinção material das funções. Sua doutrina se referia ao sistema do Estado de Direito. Apesar de ter por objeto a salvaguarda da liberdade civil, seu pensamento implicava certas disposições a serem tomadas com vistas a assegurar

---

42 MONTESQUIEU, Charles de Secondat, Baron de. *Op. cit.*, pp. 165-169.
43 MONTESQUIEU, Charles de Secondat, Baron de. *Op. cit.*, pp. 174-176.
44 BARACHO, José Alfredo de Oliveira. *Op. cit.*, pp. 29-30.

a liberdade das autoridades públicas quanto ao relacionamento entre si. Tratava-se, para cada uma delas, do exercício do poder que lhe fora especificamente atribuído[45].

Os norte-americanos adotaram o pensamento de Montesquieu, mas a sua noção temperada de separação de Poderes não pode ser afastada da inclinação filosófica dos mentores daquele Estado e dos participantes de sua primeira administração, sob a Constituição de 1787. Estes homens se preocupavam mais com o desenvolvimento da eficiência e capacidade do governo nacional do que com a criação de um sistema de governo baseado em máximas abstratas de filósofos políticos. No caso norte-americano, a separação de Poderes é uma abreviatura para o complexo sistema de freios e contrapesos (*checks and balances*), que mistura os diferentes tipos de poderes governamentais entre Executivo, Legislativo e Judiciário[46].

O princípio da separação de Poderes foi incorporado na maioria das Constituições dos Estados contemporâneos. Não em sua formulação rígida, mas enraizado nos pontos básicos elaborados por Montesquieu, atendendo à necessária flexibilidade que perfaz um melhor funcionamento dos órgãos políticos[47].

Como os atos típicos dos Poderes Legislativo (leis) e Executivo (atos administrativos) se submetem ao controle de constitucionalidade, não se pode pretender atitude diferente para com o ato por excelência do Poder Judiciário: a sentença. Do contrário, estar-se-ia violando o art. 2º, CF. Assim, tendo em vista a igualdade com que devem ser

---

45 CARRÉ DE MALBERG, R.. *Op. cit.*, p. 747.
46 TRIBE, Laurence H.. *American Constitutional Law, volume one*. Third edition. New York: Foundation Press, 2000, pp. 127-137.
47 BARACHO, José Alfredo de Oliveira. *op. cit.*, p. 38.

tratados os Poderes do Estado e, especialmente, seus atos típicos, também a coisa julgada se submete ao crivo da Constituição. Caso a contrarie, deve ser retirada do ordenamento jurídico vigente, como ocorre com os atos normativos dos demais Poderes.

2. A CONSTITUIÇÃO E O CONTROLE DE CONSTITUCIONALIDADE

2.1. A Constituição

Segundo Carl Schmitt[48], a Constituição em sentido absoluto revela a maneira concreta de ser resultante de qualquer unidade política existente. Possui quatro faces: 1ª — unidade política e ordenação social de certo Estado; 2ª — Constituição como forma de governo; 3ª — princípio ativo de um processo dinâmico de energias eficazes, um elemento de sucessão; 4ª — sistema cerrado de normas, designando uma unidade ideal (não concreta), a Constituição como a norma das normas.

O autor afirma, ainda, a existência de um conceito relativo de Constituição: a pluralidade de normas que formam o corpo da Carta Política. Sem dúvida, trata-se de um conceito formal: um conjunto de normas escritas, com um processo de reforma submetido a condições mais difíceis do que as previstas para as normas ordinárias. Como asse-

---

48 SCHMITT, Carl. *Teoría de la Constitución*. Segunda reimpresión. Madrid: Alianza Editorial, 1996, pp. 30-44.

vera Novelli, "nada existe, assim, ou deve existir, de constitucional, fora do seu texto"[49].

Qualquer Estado requer ou envolve a institucionalização jurídica do poder. A partir do século XVIII, a Constituição passa a ser encarada como um conjunto de regras jurídicas definidoras das relações do poder político, o estatuto dos governados e governantes[50]. A Lei Fundamental não se afirma, desse modo, estritamente por seu objeto e função, mas também por sua força jurídica específica e forma.

Há duas perspectivas de consideração da Constituição: a) material, onde se aprecia seu objeto, conteúdo ou função; b) formal, que avalia a posição das normas constitucionais em face das demais normas jurídicas, verificando, ainda, o modo como se articulam e interagem no plano do ordenamento jurídico[51].

A Constituição em sentido material consiste no estatuto jurídico do Estado, ou estatuto jurídico-político. Ela estrutura o Estado e o Direito do Estado. É o conjunto de normas pertinentes à organização do poder, distribuição da competência, exercício da autoridade, forma de governo e direitos fundamentais. Reúne as determinações mais importantes que, segundo o entendimento dominante, seriam merecedoras da denominação "matéria constitucional"[52].

Em sentido formal, diz-se que a Constituição é o complexo de normas formalmente qualificadas de constitucio-

---

[49] NOVELLI, Flávio Bauer. "A Relatividade do Conceito de Constituição e a Constituição de 1967", in *RDA, Vol. 88*, 1967, p. 2.
[50] MIRANDA, Jorge. *Manual de Direito Constitucional, Tomo II*. 4ª Edição. Coimbra: Coimbra Editora, 2000, pp. 7-8.
[51] MIRANDA, Jorge. *op. cit.*, p.10.
[52] BONAVIDES, Paulo. *Curso de Direito Constitucional*. 10ª Edição. São Paulo: Malheiros Ed., 2000, pp. 63-64.

nais e revestidas de força jurídica superior à de quaisquer outras normas. Significa que a Carta Política é um sistema normativo merecedor de relativa autonomia. Implica, também, em uma consideração hierárquica ou estruturada da ordem jurídica.[53]

O documento onde se inserem ou depositam normas constitucionais é chamado de Constituição instrumental. Jorge Miranda afirma a possibilidade da extensão deste conceito às normas de origem consuetudinárias que se encontram escritas, mas ressalta sua afeição às constituições formais escritas (onde há um documento visível).[54]

Segundo a classificação de Lord Bryce[55], a Carta Magna brasileira é uma Constituição rígida. Ou seja, ela não pode ser modificada da mesma maneira que as normas ordinárias, por demandar um processo de reforma mais complicado e solene. Quiroga Lavié[56], acrescentando mais um requisito ao que escreveu Bryce, entende que rígida é a Lei Fundamental na qual se prevê o controle de constitucionalidade das leis. Seu raciocínio é prático: se não houvesse o exame de constitucionalidade das leis, o legislador ordinário poderia modificar a Carta Política, já que a norma jurídica por ele editada não seria invalidada por nenhum mecanismo jurídico.

2.2. O Controle de Constitucionalidade

A Carta Política é uma norma jurídica. Tem, entretan-

---

53 MIRANDA, Jorge. *op. cit.*, p. 12.
54 MIRANDA, Jorge. *op. cit.*, p. 12.
55 BONAVIDES, Paulo. *op. cit.*, p. 66.
56 LAVIÉ, Humberto Quiroga. *Derecho Constitucional*. 3ª edición, actualizada. Buenos Aires: Depalma, 1993, p. 30-31.

to, uma particularidade que a distingue de todas as outras: é a norma suprema, *supreme law of the land* (como diz a Constituição norte-americana de 1787, art. 6º, seção 2ª), *Lex Legum* que pode exigir contas às demais. Condiciona, por isso, a validez dos atos normativos, tanto passados quanto futuros[57].

Nenhuma manifestação de vontade ou ato jurídico (nem mesmo os atos internacionais que devem produzir efeitos em território nacional) terá validade se incompatível com a Carta da Republica[58]. O princípio da supremacia da Constituição se caracteriza por esta relação de superioridade e subordinação em que se encontram as normas em um dado ordenamento jurídico[59].

O princípio em tela é uma idéia fundada em quatro fontes. Em primeiro lugar, na teoria de John Locke, que encontra no pacto social básico o fundamento de toda ordem política e jurídica. Segundo, na concepção do Direito Natural, trazida pelos puritanos ingleses que aportaram em solo norte-americano, em nome do qual os colonos romperam os laços de obediência ao rei inglês que ignorava "direitos superiores" (no caso, os direitos de votar os impostos, de ser julgado por seus pares e a liberdade religiosa)[60].

O terceiro fundamento é a distinção formulada por Sieyès entre poder constituinte e poder constituído, onde o segundo deve se ajustar ao primeiro, que dita seus limites.[61] O quarto alicerce reside na diferença, supra exposta,

---

57 ENTERRÍA, Eduardo García e FERNÁNDEZ, Tomás-Ramón. *Op. cit.*, p.100.
58 BARROSO, Luís Roberto. *op. cit.*, p. 156.
59 LAVIÉ, Humberto Quiroga. *Op. cit.*, p. 405.
60 ENTERRÍA, Eduardo García, e FERNÁNDEZ, Tomás-Ramón. *op. cit.*, p. 101.
61 BARROSO, Luís Roberto. *op. cit.*, p. 157.

entre Constituição rígida e flexível[62], onde há um processo dificultado para a modificação das normas constitucionais, que as destaca das demais normas do ordenamento jurídico.

Do ponto de vista positivo e dogmático, o princípio em enfoque se desenvolve numa supralegalidade formal e material. Formal porque a Constituição é identificada como a principal fonte de produção normativa. Material porque todo conteúdo dos atos normativos está subordinado à Lei Fundamental, não podendo contrastá-la. Inobservadas ambas as modalidades de supralegalidade, entra em ação o mecanismo do controle de constitucionalidade[63]. Consoante Ronaldo Poletti, "se a lei ordinária, o estatuto privado, a sentença judicial, o contrato, o ato administrativo etc. não se conformarem com a Constituição, devem ser fulminados por uma nulidade incomum, qual seja, aquela proveniente da Lei Maior, com base no princípio da supremacia da Constituição"[64].

Da supremacia da Constituição surgiu a *judicial review* norte-americana. Era preciso que a superioridade da Lei Fundamental se efetivasse através de um instrumento capaz de garantir a hierarquia. Note-se a seguinte observação feita por Jorge Miranda:

É à efectividade da norma que se liga a garantia, e a virtualidade que qualquer norma tem de a receber assenta na necessidade de observância (ou de um grau satisfatório de observância) sem o qual não tem razão

---

62 POLETTI, Ronaldo. *Controle da Constitucionalidade das Leis*. 2ª edição. Rio de Janeiro: Forense, 2000, p. 2.
63 BARROSO, Luís Roberto. *op. cit.*, p. 159.
64 POLETTI, Ronaldo. *op. cit.*, p. 3.

*de ser. Pois que a norma por natureza pode não ser cumprida, por natureza pode (ou deve) ser garantida*⁶⁵.

O mecanismo que atua para dar efetividade ao grau hierárquico superior da Carta Política é denominado de fiscalização. A fiscalização é algo menos do que a garantia, podendo funcionar em favor desta última. Conclui-se, com o citado constitucionalista português, que "pode haver uma fiscalização ao serviço da garantia — é a fiscalização da constitucionalidade"⁶⁶.

Retornando à questão norte-americana, a história conta que a doutrina do controle judicial foi aplicada pela primeira vez no ano de 1803, através de uma sentença redigida por John Marshall, no *leading case* Marbury *versus* Madison. O raciocínio de que se valeu o magistrado teve por base a fórmula criada por Alexander Hamilton⁶⁷. O argumento traçado foi simples e coerente: aplica-se, nos casos de confronto entre uma lei e a Constituição, o critério *lex superior derogat legi inferiori*. Isto é: quando há o contraste entre disposições de diversa força normativa, a norma constitucional (de uma Constituição rígida) prevalece sempre sobre a norma ordinária⁶⁸.

O precedente que inspirou o instituto norte-americano foi a doutrina de *Sir* Edward Coke, da primeira metade do século XVII, na Inglaterra. Para *Lord* Coke, o *common law*,

---

65 MIRANDA, Jorge. *Teoria do Estado e da Constituição*. Rio de Janeiro: Forense, 2002, p. 494.

66 MIRANDA, Jorge. *Op. cit.*, p. 496.

67 CAPELLETTI, Mauro. *O Controle Judicial de Constitucionalidade das Leis no Direito Comparado*. 2ª Edição — Reimpressão. Porto Alegre: Sergio Antonio Fabris Editor, 1999, p. 75.

68 CAPELLETI, Mauro. *Op. cit.*, p. 75.

correspondente à Lei Fundamental e prevalente em relação ao *statutory law*, podia ser complementado pelo legislador, mas não a ponto de ser por ele violado[69]. E mais: quem tinha a função de garantir a supremacia do *common law* contra os arbítrios do soberano e do Parlamento eram os juízes. Essa doutrina foi interpretada como instrumento de luta contra o absolutismo do monarca e do Parlamento. Predominou, contudo, somente por alguns decênios, sendo abandonada na Inglaterra com a revolução de 1688, a partir da qual foi proclamada a doutrina (válida até os dias de hoje) da supremacia do Parlamento[70].

Vislumbram-se dois sistemas de controle judicial de constitucionalidade: difuso e concentrado. O sistema difuso é aquele onde o poder de controle pertence a todos os órgãos judiciários de um ordenamento jurídico, através de seu exercício incidental, por ocasião da decisão das causas de sua competência[71]. Foi neste sistema que nasceu a *judicial review* norte-americana. O chamado sistema concentrado, por sua vez, é aquele em que o poder de controle se concentra num único órgão judiciário[72]. Este é resultado de uma construção de Hans Kelsen, posta em prática com a Constituição austríaca de 1º de outubro de 1920.

O Brasil acolheu os dois sistemas de controle em seu ordenamento jurídico: o modo concentrado é de competência do Supremo Tribunal Federal, conforme dispõe o art. 102, I, "a", CF, e o difuso é incumbência de todos os órgãos do Poder Judiciário, encontrando-se de modo implícito na Carta Política de 1988.

---

69 CAPELLETI, Mauro. *Op. cit.*, p. 58.
70 CAPELLETI, Mauro. *Op. cit.*, pp. 59-60.
71 CAPELLETI, Mauro. *Op. cit.*, p. 67.
72 CAPELLETI, Mauro. *Op. cit.*, p. 67.

Os dois mais importantes tipos de inconstitucionalidade são: inconstitucionalidade formal e inconstitucionalidade material. A primeira acontece quando há vício de incompetência do órgão de onde promana o ato normativo ou vício de elaboração (processo legislativo) da norma. Já a inconstitucionalidade material diz respeito ao conteúdo do ato normativo: averigua-se a compatibilidade do mesmo com o conteúdo da Constituição[73].

A questão da coisa julgada inconstitucional envolve os dois sistemas de controle judicial (difuso e concentrado). Enquanto espécie, contudo, se manifesta como inconstitucionalidade material: verifica-se a existência de contraste do conteúdo da decisão transitada em julgado com regra ou princípio da Constituição, o que não pode prosperar diante do ordenamento jurídico.

Ao se realizar a confrontação de determinado caso julgado com a Norma Fundamental, deve-se atentar para um fato de extrema importância: a força normativa da Constituição. Esta idéia teve como ponto de partida a doutrina de Konrad Hesse. Segundo este autor alemão:

> (...) A Constituição jurídica está condicionada pela realidade histórica. Ela não pode ser separada da realidade concreta de seu tempo. A pretensão de eficácia da Constituição somente pode ser realizada se se levar em conta essa realidade. A Constituição jurídica não configura apenas a expressão de uma dada realidade. Graças ao elemento normativo, ela ordena e conforma a realidade política e social. As possibilidades, mas também os limites da força normativa da Constituição,

---

73 CLÈVE, Clèmerson Merlin. *A Fiscalização Abstrata da Constitucionalidade no Direito Brasileiro*. 2ª edição revista, atualizada e ampliada, 2ª tiragem. São Paulo: Revista dos Tribunais, 2000, p. 39-42.

resultam da correlação entre ser (Sein) *e dever ser* (Sollen)[74].

A doutrina brasileira também enveredou por este caminho. Partindo da normatividade da Lei Fundamental, Luís Roberto Barroso chega à conclusão de que a Constituição, sem prejuízo de sua vocação prospectiva e transformadora, deve atuar dentro dos limites da razoabilidade no que diz respeito às relações de que cuida, para não comprometer o seu caráter de instrumento normativo da realidade social. As normas constitucionais têm sempre eficácia jurídica e, portanto, sua inobservância enseja aplicação coativa. Estas normas constitucionais devem possuir, ainda, estrutura e ordem claras, de modo a possibilitar a identificação de imediato da posição jurídica em que investem os jurisdicionados. Tais posições, por seu lado, devem ser resguardadas por instrumentos de tutela que permitam a sua realização prática[75].

Esta nova concepção epistemológica depende também da atitude dos juízes, que não devem aplicar as leis antigas com a postura da época em que foram publicadas[76]. Segundo Paulo Ricardo Schier, para que alguma mudança possa efetivamente acontecer, é necessária a releitura das práticas e teorias dos hermeneutas[77]. A solução do autor para isso é a filtragem constitucional, *in verbis*:

---

74 HESSE, Konrad. *A Força Normativa da Constituição*. Porto Alegre: Sergio Antonio Fabris Editor, 1991, p. 24.
75 BARROSO, Luís Roberto. *Direito Constitucional e a Efetividade de Suas Normas Limites e Possibilidades da Constituição Brasileira cit.*, p. 89.
76 SCHIER, Paulo Ricardo. *Op.cit.*, p. 63.
77 SCHIER, Paulo Ricardo. *Op. cit.*, p. 63.

Utiliza-se a expressão "filtragem constitucional" em virtude de que ela denota a idéia de um processo em que toda a ordem jurídica, sob a perspectiva formal e material, e assim os seus procedimentos e valores, devem passar sempre e necessariamente pelo filtro axiológico da Constituição Federal, impondo, a cada momento de aplicação do Direito, uma releitura e atualização de suas normas. A expressão, ademais, foi utilizada pela primeira vez no Brasil, com este sentido, pelo Prof. Dr. Clèmerson Merlin Clève (Direito constitucional e direito alternativo, op. cit., pp. 34-53), de quem se emprestou o significado e a idéia central. Na doutrina alienígena, a expressão "filtragem constitucional" já fora utilizada por Arturo Santoro em 1938[78].

Tudo isto deve ser aplicado no exame da coisa julgada em face da Lei Máxima. Especialmente no que diz respeito aos instrumentos aptos a impugná-la quando houver afronta ao conteúdo da última. Há que se ter uma nova visão, por exemplo, da ação rescisória[79], que foi concebida antes de todo este movimento pela força normativa da Constituição no Brasil. Enfim, os instrumentos de que dispõem os jurisdicionados e o Estado devem também passar pelo filtro da Lei Fundamental.

---

78 SCHIER, Paulo Ricardo. *Op. cit.*, p. 104.
79 . Comentamos seu manejo na 4ª parte desta dissertação.

3. COISA JULGADA, SEGURANÇA JURÍDICA E JUSTIÇA

3.1. Segurança Jurídica

Para viver em sociedade, o homem necessita de segurança no que diz respeito aos seus atos. Segurança e certeza são elementos contidos na idéia de Direito e indispensáveis à paz social.[80] Gustav Radbruch chega a afirmar que "(...) os elementos universalmente válidos da idéia de direito são só a *justiça* e a *segurança*"[81]. Flávio Bauer Novelli entende por segurança jurídica "(...) não a segurança por meio do Direito, a segurança que o Direito nos confere, ao garantir nossa vida ou nossos bens contra o homicídio, o jogo, etc., pois esta já se encontra implícita no conceito de adequação ao fim. É um elemento do bem comum. Mas a segurança do Direito, mesmo, vale dizer, a certeza do Direito".[82]

Novelli ensina que a segurança do Direito em sentido objetivo significa certeza de ordem, uma garantia ou um

---

80 RADBRUCH, Gustav. *Filosofia do Direito*. 6ª Edição, revista e acrescida dos últimos pensamentos do autor. Coimbra: Arménio Amado — Editor, Sucessor- Coimbra, 1997, p. 160.
81 RADBRUCH, Gustav. *op. cit.*, p. 162.
82 NOVELLI, Flávio Bauer. "Segurança dos Direitos Individuais e Tributação", *in Revista de Direito Tributário — 25-26*, 1982, p. 161.

sistema de garantias que a ordem jurídica oferece de sua eficácia. Citando Theodore Geiger, alude, ainda, a outra dimensão da segurança jurídica: a confiança na ordem (concernente à aplicação do Direito).[83]

Barroso ensina que a segurança jurídica, juntamente com a justiça e o bem-estar social, formam um dos fundamentos do Estado e do Direito, já que as teorias democráticas de base contratualista "(...) assentam-se sobre uma cláusula comutativa: recebe-se em segurança aquilo que se concede em liberdade"[84]. O Estado tem o seu poder para fundar e criar o Direito reconhecido com base na segurança jurídica. Por outro lado, com fulcro na mesma, existem limites àquele poder[85].

Pressuposto da segurança é a positividade do Direito. Segundo Radbruch, "(...) a positividade é da essência do próprio conceito dum Direito certo, assim é da essência do Direito Positivo o ser certo"[86]. Aliás, a certeza da lei e das decisões judiciais é indispensável à convivência social ordenada.[87]

Tem-se, entretanto, na imensa produção normativa do Poder Legislativo fator que coloca em risco a certeza do Direito, uma vez que impede o conhecimento integral do ordenamento pelos operadores do Direito. Isso não significa, porém, que se deva engessar o legislador, impedindo-o de exercer sua função típica. O Direito Positivo acompanha o desenvolvimento das relações sociais, reproduzindo-

---

83 NOVELLI, Flávio Bauer. *op. cit.*, p.162.
84 BARROSO, Luís Roberto. *Temas de Direito Constitucional.* 2ª edição. Rio de Janeiro: Renovar, 2002, p. 50.
85 RADBRUCH, Gustav. *op. cit.*, p. 355.
86 RADBRUCH, Gustav. *op. cit.*, p. 161.
87 GRAU, Eros Roberto. O *Direito Posto e o Direito Pressuposto.* 3ª Edição. São Paulo: Malheiros Ed., 2000, p. 137.

as com o fim de assegurar o seu aperfeiçoamento. É fundamental não se confundir segurança com imobilidade.

Sobre o mesmo tema, no campo da interpretação judiciária pós-moderna, Barroso entende como ponto negativo o pragmatismo interpretativo, mais ideológico que científico, alimentado pelos anseios econômicos e a hegemonia do pensamento único. Segundo este autor, "nessa variante, princípios constitucionais voltados para a segurança jurídica — como o respeito aos direitos adquiridos, os direitos de igualdade e o devido processo legal — são tratados como estorvos reacionários"[88]. Critica também o fato de que, apesar da expressiva evolução política e científica dos últimos anos, o constitucionalismo do Brasil e suas instituições não atingiram uma maturidade plena. Em função disso, conclui, a insegurança jurídica se tornou um traço de relevo neste cenário jurídico[89].

Ainda no tocante à interpretação judiciária do Direito, um dos exemplos que pode ser dado é a incerteza gerada por decisões contraditórias dos Tribunais, que contribuem para a difusão de dúvidas a respeito de questões jurídicas. Muitas vezes, um posicionamento é acolhido em uma série de decisões judiciais, que fazem coisa julgada material. Logo depois, surge a confusão quando a jurisprudência do Supremo Tribunal Federal indica caminho totalmente diverso daquele outrora escolhido. Gera-se, assim, insegurança jurídica.

A segurança jurídica permite a cada um orientar sua vida com base no conhecimento da qualificação jurídica que os fatos possuem ou vão receber, de forma previsível, no futuro[90]. Novelli ensina que a doutrina dominante, em

---

88 BARROSO, Luís Roberto. *Op. cit.*, p. 51.
89 BARROSO, Luís Roberto. *Op. cit.*, p. 53.
90 MORENO, F. Sainz. "Seguridad Jurídica" *in Temas Básicos de*

especial a alemã, tende a ver a essência da segurança jurídica na possibilidade de previsão objetiva das situações jurídicas por parte dos particulares. Desse modo, estes podem ter uma visão precisa de seus direitos e deveres, dos benefícios que lhes serão conferidos ou dos encargos que hajam de suportar[91].

Note-se, ainda, que a segurança jurídica requer a precisão ou determinação das normas positivadas. Trata-se da conformação material e formal dos atos normativos em termos lingüísticos claros[92]. Sainz Moreno[93] ensina que a concepção formal da segurança jurídica exige clareza e precisão das normas e do ordenamento jurídico em seu conjunto, enquanto a concepção material acrescenta a confiança, a estabilidade e a paz social. Segundo o autor, a acepção material da segurança é a que conta com maior tradição na doutrina espanhola e, citando Luis Legaz y Lacambra, destaca a função da segurança jurídica como legitimação de legalidade.

Alguns autores enxergam, ao lado do princípio da segurança jurídica, o princípio da proteção da confiança. O primeiro seria referente aos elementos objetivos da ordem jurídica (garantia de estabilidade jurídica, segurança de orientação e realização do Direito). O segundo se relacionaria com componentes subjetivos da segurança (calculabilidade e previsibilidade dos indivíduos em relação aos efeitos jurídicos dos atos dos Poderes Públicos), inserindo-se,

---

Derecho Constitucional, Tomo I (Manuel Aragón Reyes — coordinador). Madrid: Civitas Ediciones, 2001, p. 252.
91 NOVELLI, Flávio Bauer. *Op. cit.*, p.164.
92 CANOTILHO, J. J. Gomes. *Direito Constitucional e Teoria da Constituição*. 4ª edição. Coimbra: Almedina, 2000, p. 257.
93 MORENO, F. Sainz, op. cit., p. 253.

nesse último, a *res judicata*. Canotilho menciona que determinados doutrinadores concebem o princípio da proteção da confiança como um subprincípio ou uma dimensão específica da segurança jurídica[94], o que nos parece mais apropriado.

Conforme a lição do citado autor português[95], a segurança jurídica é exigível perante os atos de qualquer um dos Poderes, sendo emanações mais importantes deste princípio: a) a proibição de normas retroativas restritivas de direitos ou interesses juridicamente protegidos; b) a inalterabilidade da coisa julgada e; c) a tendência de estabilidade dos casos decididos através de atos administrativos constitutivos de direitos.

Não são, todavia, apenas estas as emanações decorrentes da segurança jurídica. Na doutrina brasileira, Luís Roberto Barroso apresenta, também, seu rol:

(...) 1. a existência de instituições estatais dotadas de poder e garantias, assim como sujeitas ao princípio da legalidade; 2. a confiança nos atos do Poder Público, que deverão reger-se pela boa-fé e pela razoabilidade; 3. a estabilidade das relações jurídicas, manifestada na durabilidade das normas, na anterioridade das leis em relação aos fatos sobre os quais incidem e na conservação de direitos em face da lei nova; 4. a previsibilidade dos comportamentos, tanto os que devem ser seguidos como os que devem ser suportados; 5. a igualdade na lei e perante a lei, inclusive com soluções isonômicas para situações idênticas ou próximas[96].

---

94 CANOTILHO, J.J. Gomes. *Op. cit.*, p. 256.
95 CANOTILHO, J. J. Gomes, *op. cit.*, p. 256.
96 BARROSO, Luís Roberto. *Temas Tomo II cit.*, p. 409.

Pode-se argumentar que a inalterabilidade da coisa julgada perfaz uma regra, haja vista o princípio constitucional implícito da segurança jurídica. Barroso chega a afirmar que a coisa julgada merece uma proteção muito especial e que o entendimento corrente é no sentido de que a declaração de inconstitucionalidade de uma norma não teria a prerrogativa de destruir a coisa julgada que com base nela se formou[97].

Para este mesmo autor, o intérprete constitucional tem que se posicionar como guardião da segurança jurídica e, conseqüentemente, da coisa julgada, velando pela confiança, estabilidade, previsibilidade e igualdade que tornam a vida civilizada[98]. Ensina que a *res judicata* encontra-se sob a proteção do art. 60, § 4º, IV da CF, já que sua intangibilidade teria sido consagrada no art. 5º, XXXVI da CF. Em seu pensamento, seria inadmissível que alguém, depois de ter percorrido todas as instâncias recursais, não havendo mais a possibilidade da ação rescisória, pudesse se deparar com qualquer alteração nos elementos acobertados pelo manto da coisa julgada[99].

Egas Moniz de Aragão[100], também sustenta que a coisa julgada foi elevada à condição de garantia constitucional, nos termos do art. 5º, XXXVI da CF: "(...) o instituto da coisa julgada, escreveu LIEBMAN, 'pertence ao direito público e mais precisamente ao direito constitucional', o que revela o acerto com que agiu o constituinte brasileiro"[101].

---

97 BARROSO, Luís Roberto. *Op. cit.*, p. 410.
98 BARROSO, Luís Roberto. *Op. cit.*, p. 411.
99 BARROSO, Luís Roberto. *Op. cit.*, p. 425.
100 Entre os constitucionalistas, vide a posição de Luís Roberto Barroso, no mesmo sentido.
101 ARAGÃO, Egas Moniz de. *Sentença e Coisa Julgada: Exegese do Código de Processo Civil (arts. 444 a 475)*. Rio de Janeiro: Aide, 1992, p. 218.

Ada Pellegrini Grinover, na mesma corrente, entende que a coisa julgada é uma exigência essencial à segurança jurídica, tendo assento no art. 5º, XXXVI da CF. Dessa maneira, para a desconstituição da coisa julgada, faz-se necessária a presença de vícios muito graves, que levem a uma ponderação de valores entre a segurança e a justiça, pendendo a balança para esta última. Para a autora, o legislador ordinário já teria ponderado tais valores constitucionais. O resultado desta operação seria a regra encontrada no art. 485, incisos do CPC, únicas hipóteses possíveis de rescindibilidade da sentença transitada em julgado[102].

Este pensamento, que compreende a *res judicata* como instituto acolhido no art. 5º, XXXVI da CF, e que, tão-somente, vislumbra a possibilidade do afastamento da coisa julgada nas hipóteses de ação rescisória previstas em lei ordinária, não é acolhido no presente trabalho. Mesmo porque, dentre os processualistas nacionais, há os que enxergam naquela regra constitucional, exclusivamente, uma matéria de direito intertemporal. Um exemplo é José Carlos Barbosa Moreira[103].

Há ainda outro posicionamento que enxerga a coisa julgada no texto constitucional, classificando-a como garantia da segurança jurídica e da tutela jurisdicional efetiva. Leonardo Greco entende que, no Brasil, tal garantia é extremamente frágil devido à amplitude da ação rescisória (especialmente do disposto no art. 485, V do CPC). Para

---

102 GRINOVER, Ada Pellegrini. "Ação Rescisória e Divergência de Interpretação em Matéria Constitucional" in *VVAA Estudos de Direito Processual em Memória de Luiz Machado Guimarães (coordenador: José Carlos Barbosa Moreira)*. Rio de Janeiro: Forense, 1997, pp. 2-3.
103 BARBOSA MOREIRA, José Carlos. *Comentários ao Código de Processo Civil,Vol. V*. 9ª edição revista e atualizada. Rio de Janeiro: Forense, 2001, p. 226.

o autor, a Medida Provisória 2.180/01 piorou este quadro, ampliando indevidamente a vulnerabilidade da *res judicata* pelos embargos à execução (o art. 741, parágrafo único do CPC prevê a inexigibilidade do título executivo judicial fundado em lei ou ato normativo declarados inconstitucionais pelo STF)[104].

Greco ensina que a coisa julgada é garantia fundamental do processo, extraída do art. 5º, I da CF[105], por ser conseqüência necessária do direito fundamental à segurança. Escreve que "(...) todos aqueles que travam relações jurídicas com alguém que teve determinado direito reconhecido judicialmente devem poder confiar na certeza desse direito que resulta da eficácia que ninguém pode negar aos atos estatais"[106].

A nosso ver, porém, a segurança jurídica é princípio de índole constitucional. Os demais subprincípios e institutos jurídicos que a informam podem estar no corpo da Carta da República ou em legislação infraconstitucional. Isto depende de decisão política do Legislador Constituinte.

Resumindo: quanto aos atos jurisdicionais, a segurança jurídica revela-se, em regra, na coisa julgada. A intangibilidade da *res judicata* é um subprincípio infraconstitucional inerente ao princípio do Estado de Direito na sua dimensão de garantidor de certeza jurídica[107]. Exceções à intocabilidade da coisa julgada existem e devem ter um fundamento

---

104 GRECO, Leonardo. "As Garantias Fundamentais do Processo" *in Revista Jurídica*. Porto Alegre: Notadez, ano 51, número 305, março/2003, p. 74.

105 O texto citado indica exatamente o art. 5º, I, CRFB/88. Pode ser um erro de grafia. O autor, provavelmente, queria citar o *caput* do mesmo artigo (não o inciso I).

106 GRECO, Leonardo. *Op. cit.*, p. 74.

107 CANOTILHO, J. J. Gomes, *op. cit.*, p. 258.

material relevante, como ocorre no caso da afronta à Constituição.

Entendemos que é incabível a ponderação entre a segurança jurídica e a justiça, buscando saber qual delas possui mais peso no caso concreto. Esses princípios não devem ser colocados em uma balança. A justiça é sempre objetivo do Direito e a segurança jurídica, antes de ser uma finalidade, é uma condição *sine qua non*, uma qualificação do próprio Direito em si. Tem-se, pois, a segurança jurídica como o meio dos meios. Ela precede a justiça no sentido de que, sem a sua presença, não haveria uma realização plena da última. O princípio da segurança jurídica funciona com dinâmica instrumental diante de todos os outros (não somente diante da justiça, mas também da igualdade, da liberdade...).

3.2. Justiça

A justiça é um fim social, da mesma forma que a igualdade e a liberdade, com a diferença de que estas são verificáveis pelo simples confronto com a vida empírica[108]. A liberdade é um bem individual, enquanto a justiça é um bem social por excelência[109]. Kelsen[110] aduz que uma ordem social é justa quando regula a conduta dos homens de modo satisfatório. A justiça seria, assim, a felicidade social. Conclui o mesmo autor, no entanto, que não pode existir nenhuma ordem justa, já que é impossível proporcionar felicidade a todos os homens.

---

108 OPPENHEIM, Felix E.. "Justiça" in VVAA, *Dicionário de Política vol. 1* (org. Bobbio, Matteuci e Pasquino). 5ª Edição. Brasília: Editora UNB, 2000, p.660.
109 BOBBIO, Norberto. *Igualdade e Liberdade*. 3ª Edição. Rio de Janeiro: Ed. Ediouro, 1997, p. 14.
110 KELSEN, Hans. *Teoria Geral do Direito e do Estado cit.*, p. 9.

Para Oppenheim[111], a justiça é um conceito normativo, não é uma coisa visível (nem mesmo em sentido platônico), donde surge o problema de defini-la em termos descritivos. Entende o autor que o melhor a fazer é considerar a justiça como uma noção ética fundamental e indeterminada. Ao seu modo, Hans Kelsen[112] tem o mesmo raciocínio, já que menciona que o problema da justiça não pode ser solucionado de forma racional, ou melhor, a justiça seria uma idéia irracional: por mais indispensável que seja para a volição e ação dos homens, não está sujeita à cognição.

Entendiam os Pitagóricos ou Itálicos, apontados por Del Vecchio[113] como os iniciadores da Filosofia do Direito, que a justiça consistia essencialmente em igualdade. Platão concebeu a justiça como harmonia entre as diversas partes de um todo, o que vem a ser um conceito muito vago. Aristóteles, polemizando com os Pitagóricos, partindo da definição deles, distingue várias espécies de igualdade, segundo os tipos da proporção aritmética e da proporção geométrica. Da parte mais elaborada de sua doutrina, concernente a várias espécies de igualdade, decorre a distinção da justiça em distributiva, corretiva ou comutativa[114].

Autores como Radbruch[115], Hart[116] e Ross[117], também compreendem justiça como igualdade. O conceito e o valor

---

111 OPPENHEIM, Felix E. *op. cit.*, p. 661.
112 KELSEN, Hans. *op. cit.*, p. 11.
113 DEL VECCHIO, Giorgio. *Derecho y Vida*. Barcelona: Bosch, 1942, p. 47.
114 DEL VECCHIO, Giorgio. *Op. cit.*, p. 48.
115 RADBRUCH, Gustav. *op. cit.*, p. 88.
116 HART, Herbert L. A.. *O Conceito de Direito*. 3ª edição. Lisboa: Editora Fundação Calouste Gulbenkian, 2001, p. 173.
117 ROSS, Alf. *Direito e Justiça*. São Paulo: Editora Edipro, 2000, p. 313.

da igualdade praticamente não têm distinção em relação ao valor e conceito de justiça na maioria das suas acepções. Verifica-se, inclusive, que a expressão "liberdade e justiça" é muito utilizada como sinônimo de "liberdade e igualdade"[118]. Na doutrina de Aristóteles, a justiça comutativa era idéia pertinente à igualdade absoluta entre bens, como, p. ex., a que se dá entre o salário e o trabalho. Por sua vez, a justiça distributiva significaria a igualdade relativa no modo de tratar pessoas diversas, como, p. ex., na tributação quando conforme à capacidade tributária.[119]

Ao analisar a teoria de Aristóteles, Bobbio[120] enxerga dois significados clássicos de justiça: a) justiça como legalidade, onde é justa a ação em conformidade com a lei e; b) justiça como eqüidade, onde se diz justa uma pessoa ou uma lei, uma vez instituída uma relação de igualdade. Não seria, contudo, exata a conclusão (muito comum) de que se refere o primeiro sobretudo à ação e o último sobretudo à lei, no sentido de que uma ação seria justa quando conforme a uma lei e uma lei seria justa quando conforme ao princípio da igualdade.

A explicação de Bobbio para este fato é a seguinte:

Tanto na linguagem comum como na técnica, costuma-se dizer — sem que isto provoque a menor confusão — que um homem é justo não só porque observa a lei, mas também porque é eqüânime, assim como, por outro lado, que uma lei é justa não só porque é igualitária, mas também porque é conforme a uma lei superior. Não é difícil, de resto, remeter um dos dois significados ao

---

118 BOBBIO, Norberto. op. cit., p. 14.
119 RADBRUCH, Gustav. op. cit., p. 89.
120 BOBBIO, Norberto. op. cit., p. 14.

outro: o ponto de referência comum a ambos é o de ordem, ou equilíbrio, ou harmonia, ou concórdia das partes de um todo.(...) Assim, a instauração de uma certa igualdade entre as partes e o respeito à legalidade são as duas condições para a instituição e conservação da ordem ou da harmonia do todo, que é — para quem se coloca do ponto de vista da totalidade e não das partes — o sumo bem. Essas duas condições são ambas necessárias para realizar a justiça, mas somente em conjunto é que são também suficientes[121].

O raciocínio de Bobbio é um bom parâmetro para a concretização do justo. Desse modo, se justiça é conformidade com a lei, e a mais importante de todas as leis é a Constituição, correto, pois, entender-se que uma decisão judicial que contraria seu texto é injusta ou violadora do princípio da justiça.

Tomando-se, por sua vez, justiça como igualdade, a Carta Magna deve valer igualmente para regrar a conduta de todos e ter suas normas aplicadas com isonomia diante de situações fáticas equivalentes. Haveria injustiça, por exemplo, se um número de pessoas fosse contemplado por decisões judiciais transitadas em julgado e, posteriormente, outras pessoas (na mesma situação fática) não pudessem obter pronunciamentos jurisdicionais no mesmo sentido, pelo fato de, nesse ínterim, o Supremo Tribunal Federal ter se manifestado pela inconstitucionalidade do ato normativo que as fundamentou.

Imagine-se que determinado grupo de servidores públicos logrou obter judicialmente um determinado percentual a incidir sobre sua remuneração, em decorrência de um

---

[121] BOBBIO, Norberto. *op. cit.*, pp. 14-15.

plano econômico do governo federal. Esta decisão transita em julgado, formando coisa julgada material. Logo depois, o Supremo Tribunal Federal decide em controle abstrato a questão do plano econômico em sentido oposto. Supondo-se que trabalhem juntos seis servidores em uma mesma sala de uma repartição federal, todos exercendo a mesma função, com o mesmo tempo de serviço e o mesmo vencimento-base, mas com apenas um deles contemplado pela decisão concessiva do índice, transitada em julgado. Tem-se, certamente, uma situação de extrema injustiça: os outros cinco servidores percebem uma remuneração menor do que a conferida àquele contemplado pela antiga decisão judicial transitada em julgado. Seria justo?

Neste ponto, referindo-se a fato concreto, Paulo Roberto Oliveira Lima critica o modo como transcorreu no Poder Judiciário a questão relativa ao Plano Collor[122], de março de 1990. Nas palavras do autor:

> (...) Tendo o Supremo Tribunal Federal, mais tarde, cifrado o entendimento de que tal reajuste não era devido, outras tantas ações terminaram por negar aos autores, servidores públicos, igual vantagem. Ironicamente,

---

122 Plano econômico lançado durante o governo do Presidente Collor, quando servidores públicos pleitearam a revisão dos seus vencimentos, proventos e pensões (devidos a eles mesmos e a seus beneficiários). Desejavam reposições levando-se em consideração a Unidade de Referência de Preços (URP), calculada em face a variação do índice de preços ao consumidor no trimestre anterior e aplicada nos subseqüentes, eis que editada antes do início do mês de fevereiro de 1989, apanhou as parcelas a este correspondentes. Na hipótese, não se poderia cogitar a retroação. O STF entendeu que o período pesquisado para o efeito de fixação do índice alusivo ao reajuste não se confundia com o elemento temporal referente a aquisição do direito às parcelas a serem corrigidas. Seria inconstitucional a outorga de tal direito aos servidores.

em muitos casos, ambas as sentenças transitaram em julgado, tendo decorrido in albis o prazo da rescisória. Em face das regras hoje adotadas, disciplinadoras do instituto da coisa julgada, a situação será definitivamente mantida (...). O fato implica irretorquível agressão ao princípio constitucional da isonomia, macula os cânones máximos do direito administrativo (impessoalidade, indisponibilidade, legalidade fechada) e agride ao senso comum de justiça (...). O respeito à coisa julgada não justifica tamanho sacrifício[123].

José Maria Tesheiner também anota seu inconformismo diante dessas situações que afrontam, no caso concreto, o princípio da igualdade, escrevendo que tal quebra do princípio da isonomia é deveras injusta, ainda que em nome do respeito à coisa julgada. Para o autor, nessas hipóteses, não podem ser desconsiderados o prejuízo ao erário e o fato de que a permanência no tempo de uma situação evidentemente contrária ao princípio da isonomia escandaliza[124]. A melhor forma de se aproximar do ideal da justiça, enfim, é velar para que se respeitem as normas constitucionais, com a possibilidade extraordinária de se desconstituir a coisa julgada inconstitucional fora do tempo e forma prescritos pela lei ordinária.

Na atualidade, a doutrina já evoluiu para não mais sustentar posições como, por exemplo, a de Kelsen, no sentido de ser a justiça um conceito irracional. Diogo de Figueiredo Moreira Neto conclui que a noção do justo não é estranha ao Direito e, muito menos, à racionalidade. O

---

123 LIMA, Paulo Roberto Oliveira. *Contribuição à Teoria da Coisa Julgada*. São Paulo: Revista dos Tribunais, 1997, p. 158.
124 TESHEINER, José Maria. *Eficácia da Sentença e Coisa Julgada no Processo Civil*. São Paulo: Revista dos Tribunais, 2002, p. 193.

processo racional através do qual se pode obter o conhecimento do justo, para o autor (como para outros doutrinadores), é o método da ponderação de valores aplicado em conjunto com o método clássico subsuntivo, no que diz respeito aos preceitos[125].

Em nossa opinião, todavia, a ponderação de interesses ainda apresenta uma boa dose de subjetivismo a fundamentar as escolhas. Desse modo, a melhor solução para encontrar-se justiça é dar ênfase às normas da Constituição frente a quaisquer outras do ordenamento jurídico (incluindo-se, aqui, a coisa julgada material), fazendo valer a hierarquia no ordenamento jurídico. A técnica da ponderação somente deve ser utilizada quando há uma colisão entre as regras ou princípios da Lei Fundamental, o que não se vislumbra no caso da *res judicata* inconstitucional.

---

125 MOREIRA NETO, Diogo de Figueiredo. *Direito Regulatório, A Alternativa Participativa e Flexível para a Administração Pública de Relações Setoriais Complexas no Estado Democrático*. Rio de Janeiro: Renovar, 2003, p. 103.

4. COISA JULGADA, PROPORCIONALIDADE E PONDERAÇÃO DE INTERESSES

4.1. Princípios da Proporcionalidade e da Razoabilidade

A proporcionalidade se configura, segundo Odete Medauar, "(...) principalmente, no dever de não serem impostas, aos indivíduos em geral, obrigações, restrições ou sanções em medida superior àquela estritamente necessária ao atendimento do interesse público, segundo critério de razoável adequação dos meios aos fins"[126]. A razoabilidade, na lição de Luís Roberto Barroso, "(...) enseja a verificação da compatibilidade entre o meio empregado pelo legislador e os fins visados, bem como a aferição da legitimidade dos fins"[127].

A razoabilidade é princípio de origem anglo-saxônica, fundado na cláusula *law of the land*, da *Magna Charta* de 1215. Tal princípio se encontra, na modernidade, consagrado nas 5ª e 14ª emendas à Constituição norte-america-

---

[126] MEDAUAR, Odete. *Direito Administrativo Moderno.* 6ª edição, revista e atualizada. São Paulo: Revista dos Tribunais, 2002, p. 158.
[127] BARROSO, Luís Roberto. *A Interpretação cit.*, p. 211.

na, bem como em outras constituições do continente americano, através da cláusula do *due process of law*[128].

A proporcionalidade surgiu com a passagem do Estado de Polícia para o Estado de Direito, como um instrumento de controle do excesso de poder. Configurava um critério para a medida do exercício da Administração Pública (já que os meios deviam ser adequados aos fins). Foi consagrado no direito administrativo como uma evolução do princípio da legalidade, que se ligava, inicialmente, ao tema das penas[129].

Sua migração para o direito constitucional se deu com o advento histórico da concepção de Estado de Direito ligada ao princípio da constitucionalidade, que deslocou para o respeito aos direitos fundamentais o centro de gravidade da ordem jurídica. Após a 2ª Guerra Mundial, a presença do chamado "princípio constitucional da proporcionalidade" firmou-se no cenário jurídico[130].

Vale registrar, ainda, que a idéia traduzida por este princípio foi denominada na França de *détournement de pouvoir* (desvio ou excesso de poder). Era aplicada ao controle dos atos administrativos. Hely Lopes Meirelles ensina que, no excesso de poder, a autoridade administrativa, embora competente para a prática do ato, exorbita no uso de suas faculdades, ultrapassando sua competência legal (o que causa a invalidade do ato). No desvio de poder, a autoridade administrativa, atuando nos limites de sua competência, pratica o ato por motivos ou com fins diversos da-

---

128 BARROSO, Luís Roberto. *Op. cit.*, p. 209.
129 BARROS, Suzana de Toledo. *O Princípio da Proporcionalidade e o Controle de Constitucionalidade das Leis Restritivas de Direitos Fundamentais*. 2ª Edição. Brasília: Ed. Brasília Jurídica, 2000, pp. 35-37.
130 BONAVIDES, Paulo. *op. cit.*, p. 362.

queles objetivados pela norma jurídica ou o interesse público[131].

Em doutrina, debate-se a natureza jurídica da proporcionalidade: tratar-se-ia de um princípio? Paulo Bonavides[132] é taxativo em afirmar que ela configura um princípio geral de Direito Constitucional, mencionando que a doutrina e a jurisprudência da Alemanha e Suíça a consagram como tal. Jorge Miranda[133], por sua vez, a compreende como um princípio axiológico fundamental. Denomina-a, também, de "juízo de proporcionalidade", abordando-a como um juízo jurídico que se assenta na correta interpretação das normas e na adesão aos fins que lhe subjazem. Para o autor português, não se está diante de um juízo meramente cognoscitivo, mas de uma funcionalidade teleológica, em oposição à funcionalidade lógica ou semântica.

Humberto Ávila[134] posiciona-se no sentido de ser a proporcionalidade um postulado normativo aplicativo. Em sua opinião, princípio não se confunde com postulado. Este último, em sentido kantiano, significa "(...) uma condição de possibilidade do conhecimento de determinado objeto, de tal sorte que ele não pode ser apreendido sem que essa condição seja preenchida no próprio processo de conheci-

---

131 MEIRELLES, Hely Lopes. *Direito Administrativo Brasileiro*. 20ª edição, atualizada por Eurico de Andrade Azevedo, Délcio Balestero Aleixo e José Emmanuel Burle Filho. São Paulo: Malheiros, 1995, p. 96.
132 BONAVIDES, Paulo. *op. cit.*, p. 364.
133 MIRANDA, Jorge. *Manual de Direito Constitucional, Tomo IV*. 3ª Edição. Coimbra: Coimbra Editora, 2000, p. 207.
134 ÁVILA, Humberto Bergmann. "A distinção entre Princípios e Regras e a Redefinição do Dever de Proporcionalidade" *in RDA, vol. 215*. Rio de Janeiro: Ed. Renovar, 1999, p. 153.

mento"[135]. Prossegue explicando que os postulados normativos são condições de possibilidade do conhecimento do fenômeno jurídico e que, por esse motivo, não oferecem argumentos substanciais para fundamentar uma decisão.

O autor conclui que o dever de proporcionalidade não é um princípio. Em primeiro lugar, porque sua descrição abstrata não permite uma concretização gradual (sua estrutura trifásica consiste na única possibilidade de sua aplicação), sendo o seu conteúdo normativo neutro quanto ao contexto fático. Em segundo lugar, porque não entra em conflito com outros princípios (não se submetendo à técnica da ponderação de interesses), revelando, apenas, uma estrutura formal de aplicação de outros princípios. Enfim, sua finalidade é estabelecer um esquema formal de aplicação dos princípios envolvidos em uma determinada situação fática[136].

Esta interessante discussão revela, basicamente, uma questão de nomenclatura. O raciocínio de Ávila (a respeito de como opera a proporcionalidade na ordem jurídica) é extremamente lógico e correto. A qualificação alemã se afigura muito mais simples e prática na medida em que entende a proporcionalidade como um verdadeiro princípio.

É possível, inclusive, fundamentar-se tal opção na doutrina de García Máynez[137], que divide os princípios em normativos e não normativos. Os primeiros são compostos pelos chamados princípios gerais de direito, enquanto os

---

135 ÁVILA, Humberto Bergmann. *op. cit.*, p. 165.
136 ÁVILA, Humberto Bergmann. *op. cit.*, p. 169.
137 GARCÍA MÁYNEZ, Eduardo."Los «Princípios Gererales del Derecho» y la Distinción entre Principios Jurídicos Normativos y No Normativos" in VVAA, *Scritti Giuridici in Onore di Piero Calamandrei*, vol I. Pádua: Cedam, 1955.

segundos são compostos pelos princípios ontológico-jurídicos e os princípios lógico-jurídicos. Os princípios gerais de direito são pautas normativas, diretrizes acerca do que juridicamente "deve ser", sendo violáveis por essência. Os princípios não normativos não são axiológicos, mas lógicos ou ontológicos, sem natureza normativa, já que não expressam um "dever ser", sendo necessários e invioláveis (não servem para integração de lacunas, porque não atribuem direitos nem encerram qualquer critério sobre o que juridicamente "deve ser" ou não "deve ser").

Dentro da categoria princípios não normativos, os ontológicos precedem os lógicos, realizando um juízo enunciativo, puramente analítico, que se limita a expressar a identidade daquilo que não é proibido juridicamente e daquilo que o é. Os princípios lógico-jurídicos buscam seu fundamento nos ontológico-jurídicos. Apesar de não serem normativos, os princípios lógico-jurídicos impõem-se aos legisladores e aos juízes, na medida em que expressam uma série de conexões necessárias entre as diversas formas de conduta juridicamente regulamentadas e entre os preceitos integrantes de cada sistema.

A proporcionalidade, portanto, é um princípio lógico-jurídico. Preferimos, dentro dessa categoria, atribuir-lhe o *nomen juris* de "princípio constitucional instrumental"[138], já que não perfaz um valor em si mesmo (em contraposição aos chamados "princípios constitucionais materiais", que se traduzem em valores, como, *v.g.*, a dignidade da pessoa humana).

O estudo da estrutura trifásica (necessidade-adequação-proporcionalidade em sentido estrito) da proporcionalidade é de grande importância. A necessidade traduz a

---

138 MIRANDA, Jorge. *Manual, Tomo II cit.*, p. 232.

existência de um bem juridicamente protegido e de uma circunstância que imponha intervenção ou decisão (exigibilidade da intervenção ou decisão)[139]. A medida restritiva que se vai implementar deve ser indispensável para a conservação do direito fundamental. Cuida-se de conexão material entre meio e fim: o meio tem que ser o mais idôneo e a restrição a menor possível (utiliza-se o meio menos gravoso para se atingir o fim desejado)[140].

A adequação, também chamada de pertinência ou aptidão, informa se determinada providência é o meio certo para cumprir um fim baseado no interesse público (medida apta a atingir os objetivos pretendidos)[141]. Por fim, a proporcionalidade em sentido estrito ou racionalidade implica na ponderação entre o ônus imposto e o benefício trazido. O objetivo é constatar se a interferência na esfera dos direitos dos cidadãos é justificável (as vantagens devem superar as desvantagens)[142]. Destarte, é correta a conclusão de Jorge Miranda, no sentido de que a "falta de necessidade ou de adequação traduz-se em arbítrio. A falta de racionalidade em excesso. E, por isso, fala-se correntemente em princípio da proibição do arbítrio e da proibição do excesso"[143].

A razoabilidade opera através de duas fases: um exame interno e outro externo. Verifica-se a razoabilidade interna no momento em que há correlação lógica entre o fator erigido a critério de discriminação e a disparidade realizada com o tratamento jurídico diversificado. A razoabilidade

---

139 MIRANDA, Jorge. *Op. cit.*, p. 207.
140 BARROS, Suzana de Toledo. *op. cit.*, p. 79.
141 BARROSO, Luis Roberto. *A interpretação e Aplicação da Constituição*. 3ª edição revista e atualizada.São Paulo: Saraiva, 1999, p. 219.
142 BARROSO, Luis Roberto. *Op. cit.*, p. 220.
143 MIRANDA, Jorge. *op. cit., Tomo IV*, p. 207.

externa revela-se quando tal correlação lógica existente no plano abstrato se coaduna, concretamente, com os interesses e valores do sistema constitucional vigente. Escreve Celso Antônio Bandeira de Mello: "importa que exista mais que uma correlação lógica *abstrata* entre o fato diferencial e a diferenciação conseqüente. Exige-se, ainda, haja uma correlação lógica *concreta*, ou seja, aferida em função dos interesses abrigados no direito positivo constitucional"[144].

Parte da doutrina entende que a proporcionalidade não se confunde com a razoabilidade. Segundo esta corrente, quando há a necessidade de se analisarem dois bens jurídicos protegidos por princípios constitucionais distintos e a medida adequada para sua proteção (exame abstrato dos bens jurídicos envolvidos), fala-se de proporcionalidade. Por outro lado, diante da investigação da constitucionalidade de uma medida com o fundamento na situação pessoal de determinado sujeito envolvido (exame concreto-individual dos bens jurídicos envolvidos), tem-se a razoabilidade[145].

Tal critério não é suficientemente claro. Não permite apontar o momento seguro em que se aplica a razoabilidade ou a proporcionalidade. A maior parte da doutrina, na realidade, verifica que ambos os princípios incidem de forma idêntica, apresentando uma fungibilidade e distinguindo-se basicamente pela matriz de origem (razoabilidade norte-americana e proporcionalidade alemã). Usa-os, assim, indistintamente.

A fonte positiva da proporcionalidade ou razoabilidade, nos diversos ordenamentos jurídicos, pode ser o Estado de

---

144 MELLO, Celso Antônio Bandeira de. *Conteúdo Jurídico do Princípio da Igualdade*. 3ª edição, 8ª tiragem. São Paulo: Malheiros, 2000, p. 22.
145 ÁVILA, Humberto Bergmann. *op. cit.*, p. 173.

Direito (Alemanha), a proibição do excesso (art. 18, n. 2, Constituição da República de Portugal), ou o devido processo legal (Constituição dos Estados Unidos e Constituição brasileira de 1988, art. 5º, LIV)[146].

Sobre a equivalência de ambos os princípios, Barroso[147] ensina que a exigência de razoabilidade interna do ato normativo coincide com a necessária presença dos três subprincípios da proporcionalidade (adequação meio-fim, necessidade ou vedação do excesso e proporcionalidade em sentido estrito).

No presente trabalho, a razoabilidade é utilizada como sinônimo de proporcionalidade. Tem razão Diogo de Figueiredo Moreira Neto quando escreve que "compreendida na razoabilidade está a *proporcionalidade*, exigente do equilíbrio justo entre os meios empregados, ainda que legais, e os fins públicos a serem alcançados, e que tanto pode ser tomada como um princípio autônomo, como considerada como um tipo de razoabilidade"[148].

4.2. Ponderação de Interesses

Dentro do mesmo assunto situa-se a técnica da ponderação de interesses. Através dela, o hermeneuta maneja normas constitucionais que se encontram em rota de colisão. Como pelo princípio da unidade da Constituição não existe um critério abstrato que imponha uma hierarquia ou a supremacia de um princípio sobre o outro, devem ser

---

146 BARROSO, Luis Roberto. *Op. cit.*, p. 223.
147 BARROSO, Luis Roberto. *Op. cit.*, p. 233.
148 MOREIRA NETO, Diogo de Figueiredo. *Curso de Direito Administrativo*. 12ª edição, totalmente revista, ampliada e atualizada. Rio de Janeiro: Forense, 2001, p. 98.

feitas concessões recíprocas, à luz do caso concreto, para que se produza um resultado socialmente desejável, sacrificando-se, de forma mínima, cada um dos princípios ou direitos fundamentais que se encontram em oposição[149].

Trata-se, portanto, de um método utilizado para a solução de conflito aparente de normas constitucionais. Nasceu por uma necessidade de interpretação da Lei Fundamental, já que, como diz Diogo de Figueiredo, "o objeto da ponderação se situa no nível mais elevado das cogitações do Direito, onde estão os valores, os interesses, os bens, as liberdades e os direitos fundamentais..."[150].

Como a Lei Maior é um documento decorrente de um compromisso político, carregado de princípios e direitos potencialmente conflitantes, com base no princípio da unidade da Constituição, suas normas originárias não podem ser consideradas inválidas. O intérprete não pode também, de modo deliberado, escolher uma para prevalecer sobre as demais[151]. Daí a necessidade de elaborarem-se critérios para que, em face dos dados normativos e factuais, seja possível a obtenção de uma solução justa para esse tipo de conflito[152].

Há razões, dessa maneira, para a presença da técnica do balanceamento no mundo jurídico. Dentre elas: a inexistência de uma ordem abstrata de bens constitucionais e a grande quantidade de princípios nas normas constitucionais (surgindo diversas leituras dos conflitos de bens, com a necessidade de uma fundamentação rigorosa na sua solução)[153].

---

149 BARROSO, Luís Roberto. *Temas cit.*, p. 68.
150 MOREIRA NETO, Diogo de Figueiredo. *Op. cit.*, p. 85.
151 BARROSO, Luís Roberto. *Op. cit.*, p. 68.
152 CANOTILHO, J. J. Gomes, *op. cit.*, p. 1200.
153 CANOTILHO, J. J. Gomes, *op. cit.*, p. 1199.

As regras jurídicas ordinárias não formam o objeto da ponderação de interesses. Consoante dispõe Bobbio, os conflitos desse tipo de normas são resolvidos através dos critérios hierárquico (entre duas normas incompatíveis prevalece a de maior hierarquia — *lex superior derogat inferiori*), cronológico (entre duas normas incompatíveis prevalece a norma posterior — *lex posterior derogat priori*) e da especialidade (entre duas normas incompatíveis, uma geral, outra especial, prevalece a última — *lex specialis derogat generali*)[154]. Portanto, a aplicação de uma regra ordinária afasta integralmente a possibilidade de incidência da outra no mesmo caso.

Toda ponderação de interesses tem um limite imposto pela doutrina: o núcleo essencial dos direitos fundamentais em jogo deve ser respeitado. O conteúdo mínimo desses direitos não pode ser retirado nem pelo legislador, nem pelo hermeneuta.[155] Diante do caso concreto, o intérprete, de início, compara o peso genérico que a ordem constitucional confere a cada interesse, bem ou princípio envolvido no conflito. Guia-se, nessa tarefa, pela pauta de valores subjacentes à Constituição. A partir daí, passa a buscar o peso específico, aquele que cada princípio assume no momento da resolução do caso concreto. O peso genérico tem a função de atuar como indiciário do específico. A solução será casuística (depende da forma como se apresentam os bens ou interesses em disputa na hipótese concreta). Emprega-se, por fim, o princípio da proporcionalidade para a determinação das restrições aos interesses conflitantes[156].

---

154 BOBBIO, Norberto. *Teoria do Ordenamento Jurídico cit.*, pp. 92-96.
155 SARMENTO, Daniel. *A Ponderação de Interesses na Constituição Federal*. Rio de Janeiro: Lumen Juris, 2000, p. 111.
156 SARMENTO, Daniel. *Op. cit.*, pp. 103/106.

Tal operação de interpretação deve seguir a lógica do razoável. Canotilho, por exemplo, ensina que, para o sucesso da aplicação do balanceamento, o intérprete deve proceder ao teste de razoabilidade. Este exame permite, *v.g.*, a descoberta do desvalor constitucional de alguns interesses pretensamente invocados como dignos de proteção quando em conflito com outros[157].

Para o exame da coisa julgada inconstitucional, a ponderação de interesses e a proporcionalidade ganham extrema importância. Os operadores do Direito que se situam na corrente que enxerga a intangibilidade do caso julgado como princípio consagrado no texto constitucional somente aceitam equacionar o problema através desta técnica hermenêutica.

Uma outra observação se faz necessária neste ponto. Existe posicionamento doutrinário no sentido da impossibilidade de pessoa jurídica de direito público argüir, em seu favor, a exceção de coisa julgada, devido à sua localização no título dos direitos e garantias fundamentais do Texto Magno. É o caso de Gustavo Tepedino, *in verbis*:

A invencibilidade da coisa julgada decorre das garantias individuais tuteladas, como cláusula pétrea, pelo constituinte. Cuidando-se, ao revés, de pessoa jurídica de direito público, nota-se que tais garantias constitucionais não poderiam ser invocadas, pela evidente diversidade de ratio *que inspira a proteção individual (do cidadão em relação ao Poder Público, não já daquele em face deste)*[158].

Assim, a intangibilidade da coisa julgada seria um prin-

---

157 CANOTILHO, J. J. Gomes. *Op. cit.*, p. 1201.
158 TEPEDINO, Gustavo. *Temas de Direito Civil*. Rio de Janeiro: Renovar, 1999, p. 453.

cípio constitucional a garantir os direitos do cidadão. O mesmo não ocorreria para a Fazenda Pública. O questionamento da coisa julgada inconstitucional existiria, apenas, diante de decisões jurisdicionais que favorecessem os particulares, não o Estado.

Não acolhemos, contudo, tal tese. Houve debate semelhante na doutrina brasileira, anos atrás, quando da discussão sobre a possibilidade ou não da pessoa jurídica de direito público impetrar mandado de segurança. Naquela ocasião, os que formavam a corrente negativista tinham como um dos seus argumentos o fato de que o *mandamus* encontrava-se elencado entre as garantias e direitos individuais na Constituição.

Atacando essa fundamentação, Sérgio Ferraz, citando Seabra Fagundes e Hely Lopes Meirelles, aduz que a Constituição é um patamar mínimo de direitos e que, por isso, sua incidência e seu elenco podem ser ampliados. A única coisa que não se admite é sua restrição. Além disto, quando a Constituição quis ser restritiva, o fez de forma expressa, como ocorreu, *v.g.*, ao conferir o *habeas corpus* apenas ao ser humano (art. 5º, LXVIII da CF)[159].

Outro argumento é o de que a coisa julgada, um dos instrumentos do Estado de Direito, decorre do princípio da segurança jurídica. Este último não atua, tão-somente, para o cidadão: está implicitamente presente na Carta Magna, pairando sobre toda a ordem jurídica. Portanto, pode ser invocado pelo ente público. Obtém-se uma ordem social mais estável quando o Estado funciona de forma eficiente e preservam-se os bens públicos (pertencentes a toda a coletividade e não apenas a um determinado ente público).

---

159 FERRAZ, Sérgio. *Mandado de Segurança (Individual e Coletivo) Aspectos Polêmicos.* 3ª edição, revista, atualizada e ampliada. São Paulo: Malheiros Editores, 1996, pp. 35/36.

2ª PARTE

Passamos, nesta parte, ao estudo específico da coisa julgada. Não se debate, ainda, a questão da inconstitucionalidade do conteúdo do ato jurídico decisório. Traça-se, apenas, um panorama da evolução deste instituto na doutrina estrangeira e nacional, bem como de suas principais características.

5. NATUREZA DA COISA JULGADA

Os juristas da antiguidade diziam que o instituto da coisa julgada era relevante por uma razão natural ou de direito natural, imposta pela própria essência do Direito. Sem ela, o Direito seria ilusório, a incerteza nas relações sociais reinaria[160]. Esta justificativa não resultava, contudo, absoluta. Na sistemática do Direito, a certeza é uma necessidade. Deve ceder, todavia, sob determinadas condições, para que triunfe a verdade. A coisa julgada não é instituto de índole natural. Aliás, a razão natural é outra: o escrúpulo da verdade deve prevalecer diante da necessidade de certeza[161].

A concepção da coisa julgada imposta pela necessidade de certeza, com respaldo no direito natural, não prevaleceu na Roma antiga. Os romanos admitiam a autoridade da *res judicata* como a indiscutibilidade ulterior do bem reconhecido ou desconhecido pelo juiz. A razão para tanto era eminentemente prática: a exigência de certeza e segurança na vida em sociedade. Eles não estavam sequer preocupados em atribuir uma presunção de verdade ao que o juiz

---

160 COUTURE, Eduardo. *Fundamentos do Direito Processual Civil.* Campinas: RED Livros, 1999, p. 329.
161 COUTURE, Eduardo. *op. cit.*, p. 330.

afirmava[162]. Não havia a identificação da noção de coisa julgada com a própria sentença, com seu respectivo conteúdo ou com sua eficácia geral. Muito menos, com um de seus efeitos ou qualidade da sentença[163].

No mundo moderno, doutrinariamente, prevalece a opinião de que a coisa julgada é especialmente uma exigência de cunho político, não configurando, em hipótese alguma, uma razão natural. Na realidade, revela-se como uma exigência prática[164] (como já observavam os romanos), tendo em vista sua utilidade social.

Ao longo da história do Direito, surgiram algumas doutrinas que buscaram explicar qual seria o fundamento da coisa julgada. Savigny, por exemplo, entendia que a justificativa da coisa julgada estava na necessidade de se prestigiar a autoridade jurisdicional. Apesar da sua conotação política, tratava-se de interpretação excessiva, que deixava de fora grande quantidade de casos onde a sentença não constituía uma ficção, mas a própria verdade real.

Outra importante teoria foi a doutrina da presunção de verdade de Pothier, adotada no Código de Napoleão. Segundo o jurista francês, a presunção da verdade teria seu apoio, além das deduções lógicas, nos textos legislativos que consagravam a coisa julgada. As demais teorias relacionadas com o tema derivaram desta ou daquela visão (Savigny), prevalecendo como a mais adotada a doutrina de Pothier[165]. A idéia desse último chegou, inclusive, a penetrar

---

162 CHIOVENDA, Giuseppe. *Instituições de Direito Processual Civil, vol. I.* 2ª edição. Campinas: Bookseller, 2000, p. 154.
163 BARBOSA MOREIRA, José Carlos. "Ainda e Sempre a Coisa Julgada" in *Revista dos Tribunais*. São Paulo: Revista dos Tribunais, ano 59, nº 416, junho de 1970, p. 10.
164 COUTURE, Eduardo. *op. cit.*, p. 332.
165 COUTURE, Eduardo. *op. cit.*, p. 333.

no Código Civil Italiano, mas foi duramente combatida pela doutrina daquele país, tendo sido, por fim, repelida da linguagem científica, dada sua imprecisão.

A coisa julgada não retira sua eficácia do direito substantivo preexistente à sentença, mas sim a adquire por força própria, tornando-se indiscutível. Faz nascer na ordem jurídica uma nova norma, cuja eficácia vinculatória emana dela mesma (não da norma substantiva anterior). É possível, ainda, que esta norma nascente não seja sequer coincidente com o direito substantivo. Mesmo neste caso, será a coisa julgada obrigatória e eficaz[166].

---

166 COUTURE, Eduardo. *op. cit.*, p. 335.

6. CONCEITO E DOUTRINA DA COISA JULGADA

O direito positivo brasileiro, no art. 6º, § 3º, Lei de Introdução ao Código Civil, dá a seguinte definição: "chama-se coisa julgada ou caso julgado a decisão judicial de que já não caiba recurso". Muitas críticas doutrinárias são feitas à forma como a lei tratou do tema. Esta redação não se baseou em boa técnica jurídica e, nos termos em que foi redigida, encontra-se equivocada e incompleta.

O vocábulo *res*, componente da expressão *res in judicium deducta* e *res judicata*, não tem o significado de "coisa", mas sim de uma "relação" ou "conflito". Segundo Barbosa Moreira, o particípio *judicata* qualifica o substantivo *res*, indicando a situação particular que surgia do fato de já se ter proferido o julgamento. Do mesmo modo, a expressão *in judicium deducta* qualifica a *res* submetida ao conhecimento do juiz, mas ainda não julgada[167].

Os juristas portugueses, diante disso, preferem traduzir a expressão latina por "caso julgado"[168]. Tal expressão não denota, somente, o julgamento da *res*, mas a especial autoridade de que esta se reveste com a preclusão da facul-

---
167 BARBOSA MOREIRA, José Carlos. *Op. cit.*, p. 9.
168 ARAGÃO, Egas Moniz de. *Op. cit.*, pp. 191/192.

dade de interposição de recursos, o que faz com que se torne imutável. Para Egas Moniz de Aragão, é a imutabilidade do julgamento que consubstancia a coisa julgada[169].

O conceito da Lei de Introdução ao Código Civil chama de coisa julgada a sentença inatacável por meio de recurso. Na verdade, é a partir desse momento que se forma a *res judicata*. Ademais, tal assertiva está incompleta. O legislador se esqueceu de mencionar a remessa necessária (duplo grau de jurisdição obrigatório), nos casos do art. 475 do CPC, onde não se tem, tecnicamente, recurso e que, enquanto não equacionada, impede a formação da coisa julgada. A regra legal ressalta o aspecto cronológico e esquece do aspecto ontológico da coisa julgada[170].

Este mesmo conceito, proposto pela Lei de Introdução ao Código Civil, inspirou muitas dúvidas entre os juristas brasileiros, especialmente, no que dizia respeito à sentença sujeita ao recurso extraordinário. Alfredo Buzaid escreveu o Anteprojeto do Código de Processo Civil procurando solucionar essa questão. No texto da Exposição de Motivos, mencionou adotar, no art. 507, conceito de coisa julgada elaborado por Liebman (que já era seguido por boa parte da doutrina nacional).

A redação do citado artigo era a seguinte: "Chama-se coisa julgada material a qualidade que torna imutável e indiscutível o efeito da sentença não mais sujeita a recurso ordinário ou extraordinário". O Projeto do Código de Processo Civil, contudo, transformou esta disposição. Em seu art. 471, rezava: "Denomina-se coisa julgada material a eficácia que torna imutável e indiscutível o efeito da sentença não mais sujeita a recurso ordinário ou extraordinário". O

---

169 ARAGÃO, Egas Moniz de. *Op. cit.*, p. 194.
170 BARBOSA MOREIRA, José Carlos. *Op. cit.*, pp. 10-11.

Senado Federal deu a redação que prevalece até hoje (no art. 467 do CPC), substituindo a expressão "o efeito da sentença" por "a sentença"[171].

A modificação implementada pelo Senado Federal valeu o elogio de Barbosa Moreira, que não se convenceu do acerto da idéia de projetar sobre os efeitos da sentença as características de imutabilidade e incontrovertibilidade, relacionadas com a coisa julgada material. A sentença, norma jurídica concreta, refere-se à situação apresentada pelas partes ao juiz, destinando-se, desde que não mais possa ser atacada via recurso, a perdurar de forma indefinida. Os efeitos da sentença, de seu lado, não têm essa pretensão: depois da execução forçada da sentença condenatória, só para citar um exemplo, o efeito da sentença não permanece mais vivo[172].

As definições encontradas no Anteprojeto e no Projeto do Código de Processo Civil não correspondem exatamente àquela de Liebman, que via na autoridade da coisa julgada uma qualidade da sentença e dos seus efeitos. Examina-se, a seguir, a trajetória da doutrina até a conclusão de Liebman sobre o assunto.

A contribuição de Chiovenda à doutrina do tema consistiu na depuração do conceito e fenômeno da coisa julgada de conceitos e fenômenos afins. Separou seu conteúdo jurídico das suas justificações político-sociais. Realizou a distinção entre a autoridade da coisa julgada e a simples

---

171 CINTRA, Antonio Carlos de Araújo. *Comentários ao Código de Processo Civil, Vol. IV*. 1ª edição, 2ª tiragem. Rio de Janeiro: Forense, 2001, p. 296.
172 BARBOSA MOREIRA, José Carlos. "Eficácia da Sentença e Autoridade da Coisa Julgada" in *Ajuris*. Porto Alegre: Associação dos Juízes do Rio Grande do Sul, ano X, nº 28, julho de 1983, p. 26.

preclusão[173]. Limitou a autoridade da coisa julgada à decisão de mérito da ação, para declará-la procedente ou improcedente. Em sua opinião, a coisa julgada não era mais do que o bem julgado, aquele reconhecido ou desconhecido pelo magistrado[174].

Carnelutti, por sua vez, via no processo a função de integrar a norma da lei, transformando-a em comando concreto. A eficácia da decisão prolatada era tão intensa quanto à da própria lei. Comparava, assim, a sentença a uma lei especial (*lex specialis*). Resolvia o problema da coisa julgada em duas etapas distintas: a da eficácia (a autoridade da coisa julgada ou coisa julgada material) e a da imutabilidade da sentença (coisa julgada formal, que consistiria na preclusão dos recursos)[175].

Equiparar-se a coisa julgada formal à preclusão não é correto. São dois fenômenos diversos na perspectiva da decisão irrecorrível[176]. A preclusão, do ângulo subjetivo, é a perda de uma faculdade processual e, do prisma objetivo, um fato impeditivo. A coisa julgada formal revela uma qualidade da decisão, ou seja, sua imutabilidade dentro do processo. Trata-se, sem dúvida, de institutos diferentes, apesar de estarem ligados por uma relação lógica de antecedente-conseqüente[177].

---

173 LIEBMAN, Enrico Tullio. *Eficácia e Autoridade da Sentença*. 3ª edição. Rio de Janeiro: Forense, 1984, p. 1, nos "Aditamentos ao § 1º".
174 CHIOVENDA, Giuseppe. *Op. cit.*, p. 447.
175 CARNELUTTI, Francesco. *Sistema de Direito Processual Civil*, Vol. I. Campinas: Bookseller, 2000, pp. 413-420.
176 CARNELUTTI, Francesco. *Op. cit.*, p. 445.
177 GRINOVER, Ada Pellegrini, *apud Eficácia e Autoridade da Sentença*, Liebman, Enrico Tullio. 3ª edição. Rio de Janeiro: Forense, 1984, p. 68.

Barbosa Moreira distingue os dois institutos processuais. Ensina que a preclusão é genérica, sendo a coisa julgada uma das várias situações jurídicas que detêm a chamada eficácia preclusiva. Na *res judicata*, a eficácia preclusiva se manifesta no impedimento que surge, com o trânsito em julgado, à discussão e apreciação das diversas questões que poderiam influenciar o pronunciamento judicial (mesmo que elas não tenham sido examinadas pelo juiz). Tais questões perdem toda sua relevância naquilo que é atinente à matéria julgada. Mesmo demonstrando-se que a conclusão do julgamento seria outra se estas questões tivessem sido consideradas, a decisão judicial não pode mudar. Se a decisão for do tipo que só produz coisa julgada formal, o efeito preclusivo fica restrito ao interior do processo em que foi proferido. Se tiver aptidão para gerar coisa julgada material, como a sentença definitiva, o efeito preclusivo projeta-se para fora do processo[178].

Carnelutti entendia que a imutabilidade da decisão não correspondia ao seu caráter imperativo. Destacam-se suas palavras:

(...) Pode parecer à primeira vista que a imperatividade da decisão (em que coincidem a coisa julgada material e coisa julgada formal) tenha de se subordinar à imutabilidade da mesma. Na realidade, apenas quando a decisão tenha alcançado firmeza, parece dotada da garantia de justiça que justifica sua força obrigatória. (...) Antes de tudo, imperatividade e imutabilidade são, no terreno lógico, duas formas de eficácia diversas e separadas; uma coisa é que uma decisão vincule as par-

---

178 BARBOSA MOREIRA, José Carlos. "A Eficácia Preclusiva da Coisa Julgada Material" in *Revista dos Tribunais*. São Paulo: Revista dos Tribunais, ano 61, n° 441, julho de 1972, pp. 16-17.

tes e outra que vincule o juiz; tanto isso é certo que a lei é imperativa por excelência, mas não imutável[179].

Para o autor, a imutabilidade da decisão decorria da sua função declarativa. Contra isso se insurgiu Chiovenda, que via na coisa julgada o efeito da sentença. Este doutrinador concebia a *res judicata* como a eficácia da sentença que acolhe ou rejeita o pedido do autor. Enfatizava, ainda, que a decisão do juiz sobre o bem litigado, pelo princípio da segurança jurídica, não poderia mais ser contestada em outra ação[180]. Sua definição consistia na afirmação de uma vontade concreta da lei, ou seja, na produção de certeza a respeito da sua existência. Relacionava, enfim, do mesmo modo que fez Carnelutti, o caso julgado com a declaração emitida pelo magistrado.

Curioso notar que, na teoria de Carnelutti, a coisa julgada formal não era tida como pressuposto da coisa julgada material. Segundo o autor, a imperatividade da sentença estaria na certeza que produz. Tal imperatividade é que constituiria a coisa julgada material, a qual, através da preclusão dos recursos, se transformaria em coisa julgada formal[181].

Hellwig, no mesmo sentido, posicionou-se de forma a entender que a autoridade do julgado era simplesmente a declaração contida na sentença. Nela residiria o efeito capital e característico daquele ato processual. Identificou a coisa julgada com a declaração obrigatória e indiscutível que a sentença produz, no que foi seguido por toda a dou-

---

179 CARNELUTTI, Francesco. *Op. cit.*, p. 424.
180 CHIOVENDA, Giuseppe. *Op. cit.*, p. 452.
181 SANTOS, Moacyr Amaral. *Primeiras Linhas de Direito Processual Civil*, 3º. Vol.. 17ª edição. São Paulo: Saraiva, 1998, p. 50.

trina da época[182]. O raciocínio de que se valeu partiu de uma classificação geral dos atos jurisdicionais, que os distinguia em declaratórios (manifestação sobre a existência ou inexistência de determinada relação jurídica objeto da sentença) e em constitutivos (com a finalidade de modificar as relações jurídicas substanciais e processuais existentes) do direito. Na primeira categoria, encontravam-se as sentenças meramente declaratórias e, na segunda, as constitutivas. As sentenças condenatórias, por sua vez, reuniriam as características de ambos os tipos, com uma declaração da obrigação de prestar e uma ordem de prestação[183].

Conforme o autor alemão, ao reconhecer-se um direito como existente, através de uma sentença transitada em julgado, estar-se-ia eliminando toda a possibilidade de tê-lo por inexistente em uma sentença posterior. A mesma situação se daria quando negada a existência de um direito pelo mesmo meio. Vinculava-se, assim, qualquer juiz posterior à declaração contida em uma decisão transitada em julgado[184].

Hellwig concluiu, também, que o conteúdo declaratório das sentenças transitadas em julgado não tinha nenhuma influência sobre as relações jurídicas substanciais, que em caso de erro na declaração judicial permaneceriam o que eram. O único efeito que se verificava operava em face dos órgãos jurisdicionais: observância daquilo que fora declarado (com a correspondente obrigação desses órgãos de respeitar a precedente declaração contida na decisão com trânsito em julgado)[185].

---

182 LIEBMAN, Enrico Tullio. *op. cit.*, p. 17.
183 NEVES, Celso. *Coisa Julgada Civil*. São Paulo: Revista dos Tribunais, 1971, p. 334.
184 NEVES, Celso. *Op. cit.*, pp. 334/335.
185 NEVES, Celso. *Op. cit.*, p. 335.

Esse doutrinador vislumbrava a coisa julgada como um fenômeno estritamente processual. Na doutrina brasileira, Celso Neves acolheu o escólio de Hellwig, definindo a coisa julgada como "(...) o efeito da sentença definitiva sobre o mérito da causa que, pondo termo final à controvérsia, faz imutável e vinculativo, para as partes e para os órgãos jurisdicionais, o conteúdo declaratório da decisão judicial"[186].

Liebman, entretanto, rompia com este entendimento, em voga na doutrina mundial daquele tempo. O diferencial de sua teoria consistia na assertiva de que a autoridade da coisa julgada não cobria unicamente o elemento declaratório da sentença, mas também os elementos constitutivos e condenatórios.

Observou ele que a identificação da declaração jurisdicional com a autoridade da coisa julgada constituía um erro. Uma coisa seria distinguir os efeitos da sentença segundo a sua natureza (p. ex., declaratória); outra diferente seria verificar o modo mais ou menos perene e imutável com que estes se produziam. Todos os efeitos da sentença poderiam ocorrer independentemente da autoridade da coisa julgada, mas esta seria algo que se ajuntaria para aumentar-lhes a estabilidade[187]. Afirma Barbosa Moreira que os efeitos da sentença são exatamente aquilo que escapa ao selo da imutabilidade[188]: uma vez cumprida a decisão espontaneamente pelo devedor ou terminada a execução forçada da sentença condenatória, esse efeito desaparece.

Liebman partiu da premissa de Carnelutti de que a imperatividade e a imutabilidade da sentença são coisas

---

186 NEVES, Celso. *Op. cit.*, p. 443.
187 LIEBMAN, Enrico Tullio. *op. cit.*, p. 19.
188 BARBOSA MOREIRA, José Carlos. "Ainda e Sempre a Coisa Julgada" *cit.*, p. 12.

diferentes. A sentença é imperativa e produz todos os seus efeitos antes (e independentemente) do seu trânsito em julgado. Dessa forma, a autoridade da coisa julgada não seria efeito da sentença, mas um modo como esta se manifesta e produz seus efeitos[189]. Conclui que é errado definir a eficácia da sentença como autoridade da coisa julgada.

O momento exato em que se revela a eficácia da sentença é uma tarefa afeta à política legislativa. Barbosa Moreira escreve:

Toca à lei determinar se a sentença há de surtir efeitos tão-logo seja proferida, ou somente a partir de outro instante, podendo até ocorrer que, uma vez eficaz, ela projete os seus efeitos, ou alguns deles, para o passado, em ordem a atingir atos praticados anteriormente. (...) A única resposta genérica é esta: a sentença começa a produzir efeitos no momento fixado pela lei, ou por quem a lei autorize a fixá-lo[190].

Diante da doutrina supra exposta, pode-se equacionar a questão da seguinte forma: coisa julgada formal refere-se à imutabilidade da sentença enquanto ato processual e a coisa julgada material indica a mesma imutabilidade em relação ao seu conteúdo[191]. Sentença imutável é aquela cujo conteúdo não admite modificação. A extensão desta imutabilidade é que traz a diferenciação entre a coisa julgada formal e a material. A primeira ocorre quando a imutabilidade se opera no âmbito do processo em que foi proferida, não representando óbice para que, em outro proces-

---

189 LIEBMAN, Enrico Tullio. *op. cit.*, p. 40.
190 BARBOSA MOREIRA, José Carlos. "Eficácia da Sentença e Autoridade da Coisa Julgada" *cit.*, pp. 16-17.
191 LIEBMAN, Enrico Tullio. *op. cit.*, p. 60.

so, nova decisão sobre o mesmo tema seja proferida. A segunda indica que a imutabilidade da sentença prevalece ainda em relação a processos distintos (que versem sobre a mesma questão)[192].

---

[192] BARBOSA MOREIRA, José Carlos. "Ainda e Sempre a Coisa Julgada" *cit.*, p. 14.

7. A COISA JULGADA FORMAL E MATERIAL

Certas decisões, mesmo depois de esgotadas as vias recursais, têm uma eficácia transitória. São obrigatórias, apenas, com relação ao processo em que foram proferidas e ao estado de coisas que se considerou no momento de decidir. Em processo posterior não obstam que, mudada a situação fática, a coisa julgada possa ser modificada[193]. A isto chama-se de coisa julgada formal.

A *res judicata* formal só tem uma das características da *res judicata* material: a da não impugnabilidade. Carece da outra (mais importante): a imutabilidade fora do processo em que foi proferida. Conclui-se que a coisa julgada, nesta primeira etapa, é eficaz, tão-somente, com relação ao caso concreto em que se verificou ou com relação ao estado de coisas (pessoas, objeto, causa, por exemplo) que se teve em conta ao decidir[194].

Tanto a coisa julgada formal quanto a material acarretam a imutabilidade do *decisum*. Há, porém, uma notória diferença entre elas: na coisa julgada formal, o conteúdo da sentença se torna imutável, apenas, dentro do processo em

---
193 COUTURE, Eduardo. *op. cit.*, p. 344.
194 COUTURE, Eduardo. *op. cit.*, p. 346.

que proferida, ao passo que, na coisa julgada material, ele se torna imutável para qualquer relação processual[195]. Tal distinção é de suma importância, já que, consoante Liebman, todas as sentenças são suscetíveis da primeira, enquanto somente as sentenças que acolhem ou rejeitam a demanda no mérito alcançam a segunda[196]. Barbosa Moreira endossa a tese, dizendo que nenhuma decisão deixa de produzir coisa julgada ao menos em sentido formal. No direito processual dos países ocidentais, há um momento em que os recursos se esgotam. Conseqüentemente, não há processo que não se encerre, fazendo com que as decisões lá proferidas se tornem imutáveis no seu âmbito[197].

Resumindo: a coisa julgada formal surge pela impossibilidade da reforma da sentença através de recursos (desde que não se trate de caso inserto no art. 475 do CPC), seja porque são incabíveis, seja porque não foram interpostos no prazo, ou mesmo porque deles se desistiu ou renunciou-se àquele interposto. O resultado será a imutabilidade da sentença enquanto ato processual (dentro do processo). Conforme Moacyr Amaral Santos, "Dá-se a *máxima preclusão*: não é mais possível a reforma da sentença no processo em que foi proferida"[198].

Quando à condição de inatacável no mesmo processo a sentença reúne o requisito da imutabilidade em relação a qualquer processo, outro fenômeno ocorre: forma-se a coisa julgada material. A coisa julgada formal é um degrau para atingir-se a coisa julgada material. Trata-se de antecedente necessário sem o qual não seria possível a formação da

---

195 BARBOSA MOREIRA, José Carlos. *Direito Aplicado II — Pareceres*. Rio de Janeiro: Forense, 2000, p. 444.
196 LIEBMAN, Enrico Tullio. *Op. cit.*, 60.
197 BARBOSA MOREIRA, José Carlos. *Op. cit.*, p. 15.
198 SANTOS, Moacyr Amaral. *Op. cit.* pp. 43-44.

última. É possível a existência de coisa julgada formal sem coisa julgada substancial, mas não pode existir esta sem a formação anterior daquela[199].

Após a ocorrência da denominada "preclusão máxima", com a aparição da coisa julgada formal, acresce-se à sentença uma outra qualidade, que lhe dá autoridade para além do processo em que foi proferida. O dispositivo da sentença irradia sua força para fora daquele processo pela imutabilidade do seu conteúdo. O comando da decisão judicial adquire autoridade de coisa julgada, impedindo que a relação de direito material venha a ser reexaminada e decidida novamente, no mesmo ou em outro processo, pelo mesmo ou outro magistrado (ou tribunal). Nesse sentido é que se fala de coisa julgada material como autoridade da coisa julgada[200].

O legislador do Código de Processo Civil de 1973 pretendeu, conforme examinado anteriormente, definir a coisa julgada material no art. 467, com a seguinte redação: "denomina-se coisa julgada material a eficácia, que torna imutável e indiscutível a sentença, não mais sujeita a recurso ordinário ou extraordinário". A doutrina brasileira (como acontece com o dispositivo da Lei de Introdução ao Código Civil, consoante mencionado nesse capítulo) critica tal redação por ser defeituosa.

O artigo inspira-se, parcialmente, na teoria de Liebman. Barbosa Moreira destaca-lhe dois pontos: a) ao mencionar a imutabilidade e a indiscutibilidade em termos genéricos, não distingue a coisa julgada material da coisa julgada formal; b) não especifica, também, que classe de sen-

---

199 COUTURE, Eduardo. *Op. cit.*, p. 346.
200 SANTOS, Moacyr Amaral. *op. cit.*, p. 44.

tenças recebe, após preclusas as vias recursais, o selo da imutabilidade e da indiscutibilidade[201].

Barbosa Moreira ensina que, para a delimitação do conceito, é necessário recorrer-se a outras normas do mesmo Código, como, p. ex., o art. 468 (inspirado em Carnelutti[202]): "a sentença, que julgar total ou parcialmente a lide, tem força de lei nos limites da lide e das questões decididas". A redação deste dispositivo legal emprega a palavra "lide" com o sentido de mérito, esclarecendo a dúvida deixada pelo art. 467 do CPC. Ao atribuir força de lei à sentença de mérito, a norma confere-lhe a autoridade de coisa julgada. O processualista comenta, ainda, que a expressão "força de lei" aí empregada é mera tradução da locução *Rechtskraft*, usada na Alemanha para designar justamente a coisa julgada[203].

Parte da doutrina, entretanto, sustenta a opinião que o art. 467 do CPC afastou-se da concepção de coisa julgada de Liebman. Dentre os representantes dessa corrente tem-se Antonio Carlos Araújo Cintra, para quem coisa julgada material é o efeito da sentença que a torna imutável e indiscutível quando não mais sujeita a recurso. Para o autor, a lei considerou a coisa julgada como efeito da sentença mesmo, ajustando-se à doutrina de Celso Neves, na linha do pensamento de Hellwig[204].

Antonio Carlos de Araújo Cintra afirma que a lei, ao falar, unicamente, em imutabilidade e indiscutibilidade da sentença, teria se afastado da idéia adotada por Liebman e por Barbosa Moreira. A imutabilidade da sentença seria a

---

201 BARBOSA MOREIRA, José Carlos. *Direito Aplicado II. cit.*, p. 444.
202 CINTRA, Antonio Carlos de Araújo. *op. cit.*, p. 299.
203 BARBOSA MOREIRA, José Carlos. O*p. cit.*, p. 445.
204 CINTRA, Antonio Carlos de Araújo. *op. cit.*, p. 297.

imutabilidade do seu conteúdo (o que ocorreria quando ela não está mais sujeita a recurso). A autoridade da *res judicata* (ou a própria coisa julgada definida por lei), em se tratando de sentença de mérito, decorreria daí.

Barbosa Moreira, por seu lado, compreende que a redação defeituosa do Código de Processo Civil deixa a seguinte dúvida: o que, exatamente, tem a eficácia de tornar imutável e indiscutível a sentença? Duas respostas, segundo o autor, são possíveis: "a) a eficácia é da própria sentença; b) a eficácia é do fato de já não estar a sentença sujeita a recurso ordinário ou extraordinário, ao qual se refere a parte final do dispositivo"[205]. Sendo correta a letra *a*, entende-se que o Código de Processo Civil brasileiro acolheu a concepção de Hellwig. Foi o que fez Antonio Carlos Cintra (citado acima). Se a resposta *b* é a ideal, compreende-se, como faz Barbosa Moreira, que a eficácia da sentença e a coisa julgada são coisas distintas, apesar da vinculação cronológica que a lei costuma estabelecer entre elas (indicando o mesmo instante para definir o surgimento da coisa julgada material e o começo da produção dos efeitos da sentença)[206].

Colocando-se de lado a discórdia doutrinária acerca da natureza do conteúdo do art. 467 do CPC, entendemos que imutável e indiscutível no próprio processo e em qualquer outro (aquilo que se reveste da autoridade da coisa julgada) é o conteúdo da sentença. A coisa julgada não se revela nem como efeito da sentença, nem como qualidade da mesma.

A coisa julgada suscita uma situação jurídica inédita, que surge com a decisão judicial. É traduzida na imutabili-

---

[205] BARBOSA MOREIRA, José Carlos. "Eficácia da Sentença e Autoridade da Coisa Julgada" *cit.*, p. 25.
[206] BARBOSA MOREIRA, José Carlos. "Eficácia da Sentença e Autoridade da Coisa Julgada" *cit.*, p. 25.

dade e indiscutibilidade do conteúdo da sentença (que formam a autoridade da coisa julgada)[207]. Vale transcrever a lição de Barbosa Moreira:

> *Não se expressa de modo feliz a natureza da coisa julgada, ao nosso ver, afirmando que ela é um efeito da sentença, ou um efeito da declaração nesta contida. Mas tampouco se amolda bem à realidade, tal como a enxergamos, a concepção da coisa julgada como uma qualidade dos efeitos sentenciais, ou mesmo da própria sentença. Mais exato parece dizer que a coisa julgada é uma situação jurídica: precisamente a situação que se forma no momento em que a sentença se converte de instável em estável. É a essa estabilidade, característica da nova situação jurídica, que a linguagem jurídica se refere, segundo pensamos, quando fala da "autoridade da coisa julgada"*[208].

---

[207] Neste sentido, CÂMARA, Alexandre Freitas. *Lições de Direito Processual Civil*, vol. I. 3ª edição, 2ª tiragem. Rio de Janeiro: Lumen Juris, p. 399.
[208] BARBOSA MOREIRA, José Carlos. *Op. cit.*, p. 31.

8. LIMITES SUBJETIVOS E OBJETIVOS DA COISA JULGADA

A investigação dos limites subjetivos da coisa julgada consiste em saber quem será beneficiado ou prejudicado pela sentença. Em princípio, a coisa julgada apenas alcança as partes do litígio. Os demais não são afetados, nos termos do art. 472 do CPC: "A sentença faz coisa julgada às partes entre as quais é dada, não beneficiando, nem prejudicando terceiros. Nas causas relativas ao estado de pessoa, se houverem sido citados no processo, em litisconsórcio necessário, todos os interessados, a sentença produz coisa julgada em relação a terceiros". A autoridade da coisa julgada não vai além das partes porque estas constituem um dos elementos da lide. O art. 472 apenas explicita os termos do art. 468 do CPC[209].

O sucessor (*inter* vivos ou *mortis causa*) também fica sujeito à autoridade da coisa julgada. Segundo Liebman, "dando-se a sucessão, é, pelo contrário, o terceiro que se torna titular da relação e parte, e o autor desaparece ou se torna, por sua vez, um terceiro estranho"[210]. No que diz respeito às ações de estado, a disposição da 2ª parte do art.

---

209 CINTRA, Antonio Carlos de Araújo. *op. cit.*, p. 305.
210 LIEBMAN, Enrico Tullio. *op. cit.*, p. 97.

472 do CPC é supérflua: a coisa julgada se forma, em qualquer processo, para os litisconsortes necessários que estão presentes (e não pode ser impugnada por terceiros sem interesse jurídico).

Não se reunindo no processo todos os interessados, o terceiro que tiver interesse jurídico não ficará sujeito à coisa julgada. O tratamento dispensado pelo Código de Processo Civil à coisa julgada nas causas de estado de pessoa, portanto, não constitui exceção à regra de que a sentença faz coisa julgada entre as partes a quem é dada, não se estendendo aos terceiros[211].

Ressalva-se que o assistente da parte fica em situação extraordinária diante da coisa julgada produzida no processo. Embora parte secundária, a ele se aplica a disposição especial do art. 55 do CPC, *in verbis*: "Transitada em julgado a sentença, na causa em que interveio o assistente, este não poderá, em processo posterior, discutir a justiça da decisão, salvo se alegar e provar que: I — pelo estado em que recebera o processo, ou pelas declarações e atos do assistido, fora impedido de produzir provas suscetíveis de influir na sentença; II — desconhecia a existência de alegações ou de provas, de que o assistido, por dolo ou culpa, não se valeu".

O exame que se faz dos limites objetivos da coisa julgada contém a investigação para se saber qual parte da sentença faz coisa julgada. O relatório, que apenas tem a função de exposição dos acontecimentos principais da causa, obviamente, aí não se inclui. Resta saber se a *res judicata* atinge os fundamentos da sentença e o dispositivo.

O dispositivo da sentença é que faz coisa julgada, consoante dispõe o art. 469 do CPC (*contrario sensu*). Note-se

---

[211] CINTRA, Antonio Carlos de Araújo. *op. cit.*, p. 306.

que, segundo Barbosa Moreira, é ponto pacífico, na doutrina brasileira, que os limites objetivos da *res judicata* se determinam em função de dois elementos: o pedido e a causa de pedir. A sentença de mérito produz coisa julgada material na medida em que se pronuncia acerca do pedido (acolhendo-o ou rejeitando-o), relativamente ao fundamento (ou aos fundamentos) invocado pela parte autora. Tal proposição decorre de toda a sistemática do direito processual civil brasileiro, notadamente do disposto nos arts. 128, 301, §§1º a 3º, 469, todos do CPC[212].

Dispõe, ainda, o Código, que não faz coisa julgada a questão prejudicial decidida incidentalmente no processo (art. 469, III). Afinal, se a resolução desta questão é uma preparação lógica e cronológica da sentença, terá natureza jurídica de fundamento ou motivação da sentença. Para que a questão prejudicial faça coisa julgada, é necessário, nos termos do art. 470 do CPC, que a parte o requeira através de ação declaratória incidental (com fulcro nos arts. 5º e 325 do Código), desde que o juízo tenha competência em razão da matéria para decidi-la.

---

[212] BARBOSA MOREIRA, José Carlos. *Direito Aplicado II. cit.*, p. 16.

9. FUNÇÃO POSITIVA E FUNÇÃO NEGATIVA DA COISA JULGADA

Quando advém a autoridade da coisa julgada, cria-se, para o juiz, uma impossibilidade de emitir novo pronunciamento sobre a matéria que já foi decidida. Tal vínculo pode prevalecer no mesmo processo em que a decisão foi proferida (coisa julgada formal) ou em qualquer outro processo (coisa julgada material). Diante deste fato, Ada Pellegrini[213] cita posição doutrinária que entende existir a função positiva da coisa julgada. Esta seria um vínculo para os juízes que, em qualquer processo futuro (versando sobre a mesma lide), estariam adstritos a julgar no mesmo sentido da decisão que fez coisa julgada.

A doutrina brasileira majoritária não acolhe tal entendimento. Identifica, tão-somente, uma função negativa da coisa julgada (equivalente ao *ne bis in idem*), pois ocorre ofensa à coisa julgada tanto na hipótese do novo pronunciamento ser conforme ao primeiro, quanto na de ser desconforme. Segundo o magistério de Barbosa Moreira, "(...) o vínculo não significa que o juiz esteja obrigado a rejulgar a matéria em igual sentido, mas sim que ele está impedido

---

[213] GRINOVER, Ada Pellegrini. "Notas ao § 3º" *in Eficácia e Autoridade da Sentença cit.*, p. 66.

de rejulgá-la"[214]. Enfim, não há que se falar em função positiva da coisa julgada.

Note-se que o vínculo subsiste mesmo quando a lide posterior não é idêntica àquela anterior. Basta, para tanto, que uma tenha sua solução logicamente subordinada à da outra. Cabe, aqui, o exemplo de Barbosa Moreira[215]: "(...) declarada por sentença trânsita em julgado a existência da relação de filiação, que constituía no feito a questão principal, ofenderá a *res iudicata* a decisão que, em ação de alimentos, rejeite o pedido por entender inexistente a aludida relação".

Se, ao invés, a questão logicamente subordinante houver sido examinada *incidenter tantum*, sua solução não se revestirá da autoridade da coisa julgada. Qualquer juiz poderá livremente apreciá-la e decidi-la em feito onde venha a figurar como questão principal. Mais uma vez, Barbosa Moreira tem um bom exemplo: a coisa julgada da sentença que indeferiu o pedido de alimentos, fundando-se na inexistência da relação de filiação. Esta não inibe o juiz de pronunciar-se a respeito da mesma questão, inclusive para, eventualmente, declarar existente a relação em qualquer outro processo onde ela venha a ser discutida de forma principal. Igual será a solução se a questão examinada em primeiro lugar como prejudicial voltar a ser apreciada, também como prejudicial, em processo de diferente objeto.

O curioso é que, com decisões diferentes sobre a mesma questão, haverá contradição lógica, podendo-se afirmar que uma das sentenças terá sido injusta. Não haverá, todavia, ofensa à coisa julgada, pela simples razão de que esta inexistia[216].

---

214 BARBOSA MOREIRA, José Carlos. *Comentários ao Código de Processo Civil, Vol. V cit.*, p. 128.
215 BARBOSA MOREIRA, José Carlos. *Op. cit.*., p. 128.
216 BARBOSA MOREIRA, José Carlos. *Op. cit.*, p. 129.

3ª PARTE

Examina-se, nesta parte, a possibilidade de impugnação judicial da coisa julgada eivada do vício de inconstitucionalidade. Como já exposto, trata-se de uma situação excepcional, que causa instabilidade nas relações jurídicas. Esta *res judicata* (infringente de regras ou princípios constitucionais) ocasiona incerteza jurídica e direciona a decisão cristalizada no sentido oposto aos objetivos do Direito.

Seguem-se, abaixo, algumas das principais teses a respeito do assunto, apresentando-se, ao final, nossa posição. Trata-se de resumir os pensamentos de importantes autores, para que o leitor possa ter uma visão panorâmica da questão e, assim, compará-los com o raciocínio adotado nesta dissertação.

10. A TESE DE PAULO OTERO

O moderno Estado de Direito concentra nos juízes uma série de decisões definidoras do Direito. Diante disso, Paulo Otero indaga se o conteúdo das decisões judiciais ainda faria parte de um feudo isento de controle de constitucionalidade. O autor português questiona, em outras palavras, se as sentenças e acórdãos estariam, apenas, formalmente submetidas à proclamação de conformidade com a Constituição.

Paulo Otero não concorda com tal isenção dos atos típicos do Poder Judiciário, pois admitir a insindicabilidade de decisões judiciais inconstitucionais seria conferir aos tribunais um poder absoluto e exclusivo para definir o sentido normativo da Constituição. Esta não seria o texto formalmente qualificado como tal, mas sim o Direito aplicado dos tribunais, resultante de decisões definitivas e irrecorríveis dos magistrados[217].

A coisa julgada, no direito positivo português, tem um tratamento diferente do conferido pelo direito brasileiro. O art. 282, nº 3, 1ª parte da Constituição de Portugal, expressamente, anota que a declaração de inconstituciona-

---
217 OTERO, Paulo. *Ensaio Sobre o Caso Julgado Inconstitucional*. Lisboa: Lex, 1993, p. 35.

lidade ressalva os casos julgados. Nas palavras de Otero: "(...) em princípio, salvo decisão do Tribunal Constitucional tratando-se de norma penal, disciplinar ou de ilícito de mera ordenação social, e apenas se for de conteúdo menos favorável ao argüido, a declaração de inconstitucionalidade não determina a destruição dos casos julgados"[218].

Resumindo: em Portugal, as decisões judiciais com trânsito em julgado, mesmo que fundadas em normas inconstitucionais, salvo a aplicação de lei penal *lato sensu* mais favorável ao réu, não poderão ser desconstituídas. É a consagração constitucional do princípio da intangibilidade da coisa julgada.

A certeza e a segurança jurídica são valores acolhidos pelo sistema constitucional português, decorrentes do princípio do Estado de Direito. Tais valores, todavia, carecem de força positiva autônoma para conferir validade a atos jurídicos inconstitucionais. Para Paulo Otero, o que verdadeiramente está em causa nas decisões judiciais inconstitucionais é o fato de o Poder Judiciário exercer a soberania nos limites previstos na Carta Magna, não podendo criar decisões que se oponham ao preceituado na Lei Fundamental[219]. Tal Poder é constituído, e não constituinte.

Existem três modalidades principais de inconstitucionalidade da coisa julgada, segundo Paulo Otero: a) decisão judicial que viola, através de seu conteúdo, direta e imediatamente preceito ou princípio constitucional; b) decisão judicial que aplica uma norma inconstitucional; e c) decisão judicial que não aplica determinada norma sob o pretexto de sua inconstitucionalidade, quando o vício inexiste[220].

---

218 OTERO, Paulo. *Op. cit.*, p. 49.
219 OTERO, Paulo. *Op. cit.*, p. 61.
220 OTERO, Paulo. *Op. cit.*, p. 65.

A coisa julgada inconstitucional é exceção à eficácia *ex tunc* da declaração de inconstitucionalidade da norma e à natureza predominantemente declaratória das decisões gerais do Tribunal Constitucional. Esta ressalva está fundamentada na certeza e na segurança jurídica, corolários do Estado de Direito. Paulo Otero entende que sozinhos, porém, estes princípios não podem fundamentar tal exceção. Daí a existência do artigo 282, n. 3, 1ª parte da Constituição portuguesa[221].

O referido dispositivo seria, para o autor, uma norma de caráter excepcional (pois permite que um ato inconstitucional produza seus efeitos, ainda que com permissão constitucional). O princípio geral é a não ressalva de todas as restantes hipóteses de coisa julgada inconstitucional. O citado artigo constitucionaliza decisões judiciais aplicadoras de normas inconstitucionais, fazendo surgir um verdadeiro fenômeno de auto-derrogação constitucional ou auto-ruptura da Constituição. Esta disposição afasta o princípio de que a validade de todos os atos do Poder Público depende da sua conformidade com a Lei Fundamental[222].

---

[221] OTERO, Paulo. *Op. cit.*, p. 85.
[222] OTERO, Paulo. *Op. cit.*, p. 89.

11. A TESE DE CÂNDIDO RANGEL DINAMARCO

Dinamarco adota o entendimento de que o processo deve produzir resultados rápidos, sem prejuízo da justiça. Neste contexto, é de suma importância a coisa julgada material. O autor constrói seu raciocínio sobre a premissa de que a garantia da coisa julgada tem que estar em equilíbrio com as demais garantias constitucionais e com os institutos jurídicos que se voltam para resultados justos[223].

Por conviver com outros valores constitucionais, deve a coisa julgada, valor inerente à ordem constitucional-processual, ser relativizada através de uma ponderação. Assim, para Dinamarco, o princípio constitucional da razoabilidade ou da proporcionalidade atua como condicionante da imunização das decisões pela autoridade da coisa julgada material. Devem-se levar em conta, nesta ponderação de valores, os princípios da moralidade administrativa, do justo valor das indenizações em desapropriação, o zelo pela cidadania e direitos do homem, a fraude e o erro grosseiro que contaminam o resultado do processo, a garantia do

---

[223] DINAMARCO, Cândido Rangel. "Relativizar a Coisa Julgada Material" *in Revista Síntese de Direito Civil e Processual Civil, Ano IV, nº 19.* Porto Alegre: Síntese, set/out, 2002, p. 6.

meio-ambiente ecologicamente equilibrado, a garantia do acesso à ordem jurídica justa e, por fim, o caráter excepcional da disposição de flexibilizar a coisa julgada[224].

Quanto ao perigo da incerteza e insegurança jurídicas, o autor é categórico em afirmar que toda flexibilização de regras jurídico-positivas traz consigo este risco. A ordem processual, todavia, dispõe de meios para a correção de eventuais desvios ou exageros mediante a técnica dos recursos, da ação rescisória, da reclamação aos tribunais superiores etc.. Enfatiza, porém, que não está, de forma alguma, propondo a sistemática desvalorização da *auctoritas rei judicatae*, mas, tão-somente, cuidando de situações extraordinárias e raras, a serem tratadas mediante critérios extraodinários[225].

Como remédios processuais adequados à impugnação da coisa julgada inconstitucional, Dinamarco, tomando por base lição de Pontes de Miranda, sugere, em primeiro lugar, a proposição de uma nova demanda igual à primeira, com a desconsideração da coisa julgada. Além disto, seria possível a oposição de embargos à execução ou a alegação *incidenter tantum* em outro processo, inclusive em peças defensivas[226].

---

224 DINAMARCO, Cândido Rangel. *Op. cit.*, pp 16-17.
225 DINAMARCO, Cândido Rangel. *Op. cit.*, pp 28-29.
226 DINAMARCO, Cândido Rangel. *Op. cit.*, p. 26.

12. A TESE DE HUMBERTO THEODORO JÚNIOR

Humberto Theodoro Júnior parte do pressuposto de que o legislador constituinte não selecionou entre os direitos e garantias fundamentais a coisa julgada. O art. 5º, XXXVI da CF, estaria, unicamente, a mencionar uma regra de direito intertemporal: a coisa julgada estaria protegida dos efeitos de uma nova lei que contemplasse regra diversa.

O mandamento da citada norma constitucional, segundo o autor, dirige-se ao legislador ordinário. A intangibilidade da coisa julgada não possui, no Brasil, foro constitucional, resultando do sistema ordinário processual (especificamente, da regra contida no art. 475 do CPC). O sistema brasileiro, portanto, difere do português, onde a coisa julgada tem sede constitucional. Não há que se falar em colisão de princípios constitucionais para a solução de questão que envolva a coisa julgada inconstitucional. Evita-se com isto a angústia da definição de qual princípio prevalece no caso concreto, a partir do princípio da proporcionalidade ou da razoabilidade[227].

---

227 THEODORO JR, Humberto *et* FARIA, Juliana Cordeiro de. "A Coisa Julgada Inconstitucional e os Instrumentos Processuais para seu Controle", *in Revista Ibero-Americana de Direito Público, Ano 2, Vo-*

A regra inserida no art. 102, I, "a" da CF, que prevê a ação direta de inconstitucionalidade, menciona seu manejo para o ataque a ato normativo ou lei que contrarie a Carta Política. Revela, com isto a tendência clássica de preocupação com o controle de atos do Legislativo e do Executivo, esquecendo-se dos atos típicos do Poder Judiciário. Não se deve concluir, contudo, que tais atos repousam fora do controle de constitucionalidade. Se a coisa julgada com vício menor (ilegalidade) se sujeita à impugnação via ação rescisória, com muito mais razão deve ser extirpada do ordenamento jurídico a *res judicata* contrária à Lei Fundamental[228].

O problema, pois, seria definir quais os instrumentos aptos à impugnação da coisa julgada inconstitucional. Em primeiro lugar, Theodoro Jr. entende viável a utilização da ação rescisória, com base no art. 485, V do CPC, mas sem a limitação do prazo de dois anos. Isto para que não haja uma equiparação equivocada entre a inconstitucionalidade e a ilegalidade[229]. Caberia, ainda, a proposição de embargos à execução, com fulcro na inexigibilidade do título (art. 741, II do CPC), pois sendo nula a coisa julgada inconstitucional, não se pode qualificá-la como título exigível para fins de execução[230].

---

lume III. Rio de Janeiro: América Jurídica, 1º Trimestre de 2001, p. 86.
228 THEODORO JR, Humberto *et* FARIA, Juliana Cordeiro de. *Op. cit.*, p. 89.
229 THEODORO JR, Humberto *et* FARIA, Juliana Cordeiro de. *Op. cit.*, p. 90.
230 THEODORO JR, Humberto *et* FARIA, Juliana Cordeiro de. *Op. cit.*, p. 92. Note-se que, ao tempo em que foi redigido este artigo, não havia sido acrescentado pela Medida Provisória 2.180-35/2001 o parágrafo único ao art. 741, CPC. Assim, não havia a possibilidade expressa dos embargos desconstitutivos dos efeitos da coisa julgada inconstitucional.

O autor ensina, ainda, que não se pode deixar de reconhecer a sobrevivência, no direito processual moderno, da antiga *querela nullitatis*, fora e além das hipóteses de rescisão expressamente contidas no Código de Processo Civil[231]. Poder-se-ia propor, na sua opinião, qualquer ação comum tendente a reexaminar a mesma relação jurídica litigiosa, inclusive uma ação declaratória ordinária, como sobrevivência da *querela nullitatis*[232].

---

231 THEODORO JR, Humberto *et* FARIA, Juliana Cordeiro de. *Op. cit.*, p. 94.
232 THEODORO JR, Humberto *et* FARIA, Juliana Cordeiro de. *Op. cit.*, p. 94.

13. A TESE DE JOSÉ AUGUSTO DELGADO

A ciência jurídica deve fortalecer as instituições responsáveis pelo desenvolvimento da pessoa humana e dos valores contidos nos princípios da legalidade, moralidade e justiça. Segundo José Augusto Delgado, Ministro do STJ, ao princípio da moralidade "(...) subordina-se qualquer conduta estatal ou privada. A ele submete-se a própria supremacia da lei. (...) As leis, ao serem aplicadas pelo Poder Judiciário, estão diretamente vinculadas aos princípios da moralidade e da legalidade..."[233]. As decisões deste Poder, portanto, não devem ultrapassar os limites impostos pelos mencionados princípios, sob pena de abuso e invalidade.

Para Delgado, o Judiciário, por ser responsável pela aplicação coercitiva do Direito e caber-lhe a defesa do rigor ético de sua própria conduta e da dos jurisdicionados, deve sujeitar-se ao cumprimento da moralidade em grau maior do que os Poderes Legislativo e Executivo. Ele menciona que "o *decisum* emitido pelo Poder Judiciário deve expri-

---

233 DELGADO, José Augusto. "Efeitos da Coisa Julgada e os Princípios Constitucionais", in VVAA *Coisa Julgada Inconstitucional (coordenador Carlos Valder do Nascimento)*. Rio de Janeiro: América Jurídica, 2002, p. 79.

mir confiança, prática da lealdade, da boa-fé e, especialmente, configuração de moralidade"[234].

O caso julgado não deve, portanto, ultrapassar os limites da moralidade e da legalidade, nem transformar fatos não verdadeiros em reais ou violar princípios constitucionais, sob pena de infringirem-se as garantias e anseios da cidadania. A certeza que impõe a segurança jurídica é aquela que gera estabilidade, não a que enfrenta a realidade dos fatos. A grave injustiça não pode prevalecer, mesmo protegida pelo manto da coisa julgada, num regime democrático. O instituto da coisa julgada é instrumental: a sentença que faz a regra entre as partes não pode sobrepor-se às regras da Constituição[235].

O autor afirma que, através de uma leitura superficial do art. 5º, XXXVI da CF, poder-se-ia chegar a duas interpretações gramaticais possíveis. Pela primeira, a lei não poderia atribuir à coisa julgada estrutura e limites que lhe conferissem menor amplitude. Seria, pois, inconstitucional toda disposição infralegal que diminuísse, de qualquer forma, a importância deste instituto processual, ou mesmo que reduzisse sua incidência ou dificultasse sua formação. A criação de remédio jurídico-processual que visasse sua desconstituição seria inconstitucional. A segunda interpretação seria a de que a lei não poderia alterar o conteúdo do julgado após a formação da coisa julgada. Valorizar-se-ia, assim, a segurança jurídica, com a proibição ao legislador ordinário da edição de normas que viessem a agredir os casos já decididos definitivamente pelo Judiciário. A nova disciplina legislativa somente poderia incidir sobre os casos ainda não julgados[236].

---

234 DELGADO, José Augusto. Op. cit., p. 80.
235 DELGADO, José Augusto. Op. cit., p. 95.
236 DELGADO, José Augusto. Op. cit., p. 86.

Conclui Delgado que, das duas interpretações gramaticais possíveis, a segunda é a que efetivamente corresponde à mensagem legal. O citado inciso XXXVI não proíbe a lei de prejudicar o instituto da coisa julgada, mas sim de malferir a *res judicata*. Segundo o autor, mesmo a interpretação gramatical tende a prestigiar o segundo entendimento[237].

José Delgado justifica, ainda, sua posição, com a assertiva de que, se a proteção constitucional da amplitude do instituto da coisa julgada tivesse sido acolhida em nosso ordenamento constitucional, a ação rescisória e a revisão criminal seriam inconstitucionais, eis que ambas visam à destruição da coisa julgada[238]. Ensina que, por tudo isso, a carga imperativa da coisa julgada pode ser revista, em qualquer tempo, desde que maculada de vícios graves e que possam produzir conseqüências que alterem o estado natural das coisas, estipulando, por exemplo, obrigações para o Estado, para o cidadão ou para pessoas jurídicas que não sejam amparadas pelo Direito[239].

---

237 DELGADO, José Augusto. *Op. cit.*, p. 86.
238 DELGADO, José Augusto. *Op. cit.*, p. 87.
239 DELGADO, José Augusto. *Op. cit.*, p. 113.

14. A TESE DE IVO DANTAS

Segundo Ivo Dantas, a coisa julgada encontra abrigo na Constituição brasileira (art. 5º, XXXVI), sendo que seu conceito legal se faz presente na Lei de Introdução ao Código Civil (art. 6º, § 3º). A *res judicata*, em sua visão, não tem o significado de imunizar a sentença, enquanto ato processual, mas os efeitos projetados por ela para fora do processo, que atingem as pessoas em suas relações. Diante disso (e também da sua função social), conclui que a coisa julgada material não é um instituto confinado ao direito processual: tem significado político-institucional, sendo uma garantia constitucional[240].

Aduz que uma decisão em ação direta de inconstitucionalidade faz com que o ato impugnado seja declarado inexistente (já que a decisão tem efeitos *ex tunc*, retroativos à data em que se deu a elaboração do ato), por faltar-lhe o elemento constitutivo da adequação ou obediência à Constituição, tanto no aspecto material quanto no formal[241].

Para o autor, o mesmo ocorre com a sentença inconstitucional. Esta seria um ato inexistente, incapaz de fazer

---

240 DANTAS, Ivo. "Coisa Julgada Inconstitucional: Declaração Judicial de Inexistência", in *Fórum Administrativo*, nº 15. Belo Horizonte: Fórum, ano 2, maio de 2002, pp. 588-589.
241 DANTAS, Ivo. *Op. cit.*, pp. 593-595.

surgir a coisa julgada material. Haveria, todavia, a necessidade de um novo pronunciamento do Poder Judiciário declarando sua imprestabilidade, em homenagem ao princípio da segurança jurídica. Ivo Dantas defende o manejo da ação rescisória para a eliminação daquele ato[242].

Tal rescisória, entretanto, não obedeceria ao prazo decadencial de dois anos, já que a coisa julgada inconstitucional configura ato inexistente, por estar fundamentada em lei inconstitucional. Nas próprias palavras de Ivo Dantas, "(...) não aceitamos, nos casos de inconstitucionalidade, o prazo decadencial de dois anos (...) porque (...) o atentado à Constituição poderá ser invocado a qualquer momento e em qualquer instância ou tribunal, pois se trata de decisão inexistente, por estar calcada em lei inconstitucional"[243].

Além da propositura de rescisória para declarar a inexistência da coisa julgada inconstitucional, Ivo Dantas entende cabível o mandado de segurança. Enquanto não reconhecida a inexistência da sentença ou do acórdão em razão da inconstitucionalidade, ambos continuam figurando como ato ou decisão judicial[244]. O autor entende que não há que se impedir o *mandamus* contra ato jurisdicional, já que as limitações constantes do art. 5º, II da Lei 1533/51 não teriam sido recepcionadas pela Carta Magna de 1988. Os motivos são dois: a) o princípio da universalidade da jurisdição (art. 5º, XXXV da CF) não impõe nenhuma restrição à busca de um pronunciamento judicial, o que é repetido pelas regras constitucionais do mandado de segurança e; b) quando a Constituição desejou estabelecer limites a direitos ou garantias contidos no art. 5º, o fez de modo

---

242 DANTAS, Ivo. *Op. cit.*, p. 598.
243 DANTAS, Ivo. *Op. cit.*, p. 599.
244 DANTAS, Ivo. *Op. cit.*, p. 600.

explícito (e onde a Constituição não impôs limites, não cabe à legislação ordinária fazê-lo, sob pena de inconstitucionalidade)[245].

O autor considera, ainda, inconstitucional o prazo de 120 dias disposto no art. 18 da Lei 1533/51, com base nas considerações feitas no parágrafo acima. Sugere, inclusive, que o STF reveja o enunciado da Súmula 268 ("não cabe mandado de segurança contra decisão judicial com trânsito em julgado").

Como considera inadmissível o desmoronamento do sistema jurídico pelo descumprimento da Lei Fundamental, entende Dantas que, após a decisão judicial ter sua inconstitucionalidade reconhecida (por decisão definitiva pelo STF), caberá também o manejo da *querela nullitatis* (como ação declaratória de nulidade).

Quanto à nova possibilidade de embargos à execução para impugnar a coisa julgada inconstitucional, nos termos do art. 741, parágrafo único do CPC, Ivo Dantas a entende, em princípio, tecnicamente viável. Tece críticas, porém, à Medida Provisória 2.180 (de 24/08/2001) que a instituiu, por se tratar, em sua opinião, de uma legislação casuística, prejudicial ao cidadão, que serve, na prática, para satisfazer à voracidade do Poder Executivo federal (que teria legislado em causa própria, em detrimento dos princípios maiores que informam o Estado Democrático de Direito)[246].

A conclusão de Dantas é de que não há que se falar em relativização ou flexibilização da coisa julgada inconstitucional (como faz, p. ex., Cândido Rangel Dinamarco), eis que se trata de ato jurídico inexistente. Os meios processuais utilizáveis para a sua impugnação apenas reconhece-

---

245 DANTAS, Ivo. *Op. cit.*, p. 600.
246 DANTAS, Ivo. *Op. cit.*, p. 606.

rão, por intermédio de um novo pronunciamento judicial, que tal tipo de decisão nunca existiu. A argüição desta inconstitucionalidade pode ser feita a qualquer tempo e em qualquer instância ou tribunal, não se cogitando de decadência, prescrição ou preclusão[247].

---

[247] DANTAS, Ivo. O*p. cit.*, p. 607.

15. A TESE DE FRANCISCO BARROS DIAS

Francisco Barros Dias entende que os atos jurisdicionais estão sujeitos ao controle judicial, inclusive aqueles acobertados pela coisa julgada. Mesmo depois do trânsito em julgado, restaria a possibilidade da proposição de ação rescisória, conforme dispõe o Código de Processo Civil. O problema é que este caminho seria insuficiente para satisfazer tal controle. Considera o autor que a ação rescisória se presta a impugnar, somente, aspectos formais do processo e a matéria infraconstitucional, o que acaba sendo pouco[248].

A impugnabilidade da coisa julgada inconstitucional está, segundo o autor, baseada em princípios acolhidos pela própria Constituição. Em primeiro lugar, pelo princípio democrático, pois, se o Judiciário é uma das conquistas da democracia, a vontade do povo deve concordar, geralmente, com as suas decisões. A sentença é uma garantia da prestação de justiça, devendo corresponder aos anseios da coletividade. Com a coisa julgada inconstitucional, este

---

248 DIAS, Francisco Barros. "Breve Análise Sobre a Coisa Julgada Inconstitucional" *in página da Justiça Federal do Rio Grande do Norte, on line*. Internet: www.jfrn.gov.br, acesso em 03/10/2000, p. 3.

princípio é afetado, ficando defeituoso o Estado Democrático de Direito[249].

Em sua opinião, o princípio da legalidade autoriza a impugnação da *res judicata* com vício de inconstitucionalidade. As decisões judiciais devem se sujeitar às normas constitucionais e às infraconstitucionais (que estejam de acordo com a Carta Magna). Fora disto, tem-se afronta à ordem jurídica, que não permite uma inversão destes valores. A questão da isonomia também é acionada no raciocínio do autor. Permitir-se que decisões baseadas nos mesmos fatos (como, *v.g.*, o caso de dois servidores públicos em situação idêntica, mas que recebem decisões judiciais contraditórias) tenham resultados diversos significa violar o princípio da igualdade e atingir a Constituição[250].

A separação dos Poderes tem papel importante para Barros Dias, dado que o Legislativo deve respeitar a função do Judiciário, do mesmo modo que o último deve reverência aos atos do primeiro. Desta forma, as decisões judiciais têm que estar em consonância com a Constituição, eis que suas normas emanam do poder constituinte originário ou derivado. Para o autor, este é o significado do art. 2º da CF[251].

Ensina, ainda, que o relativismo da coisa julgada decorre do próprio art. 5º, XXXVI da CF. Este dispositivo determina, apenas, que o legislador, ao criar uma lei, não pode ofender a *res judicata*. Trata-se de uma garantia: o Poder Judiciário, ao decidir as diversas questões que lhe são submetidas, terá suas decisões respeitadas, cumprindo-se, assim, a independência dos Poderes[252].

---

249 DIAS, Francisco Barros. *Op.cit.*, p. 5.
250 Idem, pp. 6-7.
251 Idem, p. 8.
252 Idem, p. 8.

Francisco Barros Dias leciona também que a coisa julgada só tem fulcro na segurança, estabilidade e certeza jurídicas quando há violação de norma infraconstitucional. O mesmo não acontece com relação a uma norma constitucional transgredida. Neste caso, aqueles princípios que fundamentavam a *res judicata* não são suficientes para mantê-la de modo definitivo no sistema jurídico positivo, porque fica comprometido o berço de todo o sistema[253].

Para o autor, a sentença que viola uma norma constitucional (ex., a legalidade, a isonomia e a democracia), diante da hierarquia das normas e separação dos Poderes, configura ato decisório injusto e, portanto, ilegítimo. Deve ser considerado como inexistente no mundo jurídico. Estas decisões injustas e inexistentes levam, segundo Francisco Barros Dias, ao total descrédito do Judiciário. Tal situação, inclusive, revela um desprestígio do Poder incumbido de prestar a jurisdição, dando ensejo a muitas críticas sobre a finalidade desta função estatal.

Por todos estes motivos, o autor compreende atacável, a qualquer tempo, a coisa julgada inconstitucional, inclusive mediante rescisória fora do prazo de decadência de dois anos. Afirma, contudo, ser o melhor instrumento para este mister a ação declaratória de inexistência da coisa julgada, que não está sujeita a prazo prescricional ou decadencial, podendo ser proposta em primeiro grau (com a ressalva dos casos de competência originária dos Tribunais)[254].

---

[253] Idem, p. 9.
[254] Idem, pp. 11-12.

16. A TESE DE TERESA ARRUDA WAMBIER E JOSÉ MIGUEL MEDINA

Teresa Wambier e José Medina defendem que não há ação (somente mero direito de petição — art. 5º, XXXIV da CF) quando o magistrado prolata sentença de mérito com inobservância das condições da ação (legitimidade das partes, interesse de agir e possibilidade jurídica do pedido — art. 267, VI do CPC)[255]. Nesta situação, a conseqüência é a não formação de coisa julgada (por causa da sentença inexistente).

A coisa julgada inconstitucional estaria inserida nesta categoria. Segundo os autores, as sentenças que lhe dão ensejo são inconstitucionais, pois acolhem pedidos inconstitucionais. Se o pedido é inconstitucional, correto seria reconhecer-se a sua impossibilidade jurídica (art. 267, VI do CPC), donde o juiz deveria extinguir o feito sem julgamento de mérito. Se o mérito é examinado, a sentença daí decorrente é inexistente[256].

---

[255] WAMBIER, Teresa Arruda Alvim e MEDINA, José Miguel Garcia. O *Dogma da Coisa Julgada, Hipóteses de Relativização*. São Paulo: Revista dos Tribunais, 2003, p. 31.
[256] WAMBIER, Teresa Arruda Alvim e MEDINA, José Miguel Garcia. *Op. cit.*, p. 39.

A ação rescisória para a desconstituição de coisa julgada, nestas hipóteses, seria rigorosamente desnecessária. A decisão, alvo de posterior impugnação, nunca chegaria a atingir, segundo os autores, o patamar de coisa julgada, não necessitando ser desconstituída (porque inexistente). O correto seria a proposição de ação declaratória de inexistência por ausência de uma das condições da ação (possibilidade jurídica do pedido), que não se submete ao prazo do art. 495 do CPC[257].

Coerentes com o raciocínio esposado, os autores entendem que os embargos à execução do art. 741, parágrafo único do CPC não tem a função de rescisão do julgado, pois nada há que se rescindir: a decisão impugnada baseia-se em lei inexistente (porque incompatível com a Constituição), jamais transitando em julgado. Os efeitos dos embargos seriam declaratórios. A questão da inconstitucionalidade, para os autores, deveria ser levantada, no processo de execução, pelo próprio juízo (*ex officio*) ante a inexistência do título executivo. Pelo mesmo motivo, a parte poderia, antes de embargar a execução, oferecer a exceção de pré-executividade[258].

Observam os autores, ainda, que o art. 741, parágrafo único do CPC não abrange a hipótese de sentença exeqüenda que afastou certo dispositivo legal por considerá-lo inconstitucional e que, posteriormente, tenha sido declarado constitucional pelo STF em ação declaratória de constitucionalidade. O caso seria de rescindibilidade, nos termos dos arts. 458 c/c art. 485, V, ambos do CPC[259].

---

257 Idem, p. 43.
258 Idem, p. 73. Note-se que esta se presta à impugnação do título executivo judicial, sem a necessidade de segurança do juízo, por razões de nulidade ou de ausência de condição da ação de execução.
259 Idem, p. 74.

17. A TESE DE CARLOS VALDER DO NASCIMENTO

Carlos Valder entende que é interessante estabelecer um cotejo entre os valores da segurança e da justiça para a aplicação do Direito, aferindo-se a importância de cada um para a efetividade do processo. Com base nisso, encontra fundamento para a destruição do mito da intangibilidade da coisa julgada.

Dentro do sistema jurídico positivo, encontram-se elementos que fornecem os parâmetros para o controle das atividades (funções administrativa, legislativa e judicial) típicas dos Poderes do Estado. Os atos emanados dessas fontes devem guardar reta fidelidade aos ditames da Constituição, sob pena de sua invalidade.

Como as decisões jurisdicionais configuram atos jurídicos estatais (revelam uma manifestação de vontade do Estado), não podem se furtar ao controle de constitucionalidade. Não se pode, ainda, entendê-las como atos inconstitucionais passíveis de convalidação. O Poder Judiciário deve se enquadrar no modelo proposto pelo Estado de Direito, não sendo um poder constituinte paralelo ao poder originário que confeccionou a Carta Magna. Assevera Carlos Valder:

O Poder Judiciário não detém a soberania e, como tal, não se pode justificar o mito da intangibilidade da função jurisdicional, enquanto manifestação do exercício da atividade estatal. Isso porque ela é uma decorrência do poder político que, na percepção de Clèmerson Merlin Clève, é indivisível, tendo o povo na sua titularidade, que não se divide senão em face do Poder Constituinte que torna efetiva a distribuição de diferentes funções a se compor na estrutura que dá corpo a organização político-administrativa do Estado

(...) O exercício da função jurisdicional tem amparo no "modelo constitucional do processo civil", instrumentalizado por normas e princípios que balizam seu procedimento formal, cujo paradigma central tem o magistrado como figura de relevo a dizer o direito[260].

Carlos Valder ensina que, diante do prestígio do instituto, que favorece a segurança jurídica, a coisa julgada foi mencionada no texto constitucional. Ocorre, porém, que não se trata de alçar a *res judicata* à categoria de garantia individual, mas tão-somente, de celebrar sua proteção em face de lei nova que vise a desconstituir uma decisão já transitada em julgado. Encontra-se em seu escrito:

Como se observa, a relação jurídica material não guarda qualquer pertinência com a Constituição, posto ser assunto ali não versado. De fato, as regras inerentes a res judicata *são regras no plano da lei ordinária que, por determinação de comando superior, não pode contrariar o que já foi decidido pelo Poder Judiciário, cuja sentença*

---

260 NASCIMENTO, Carlos Valder do. "Coisa Julgada Inconstitucional", in VVAA *Coisa Julgada Inconstitucional (coordenador Carlos Valder do Nascimento)*. Rio de Janeiro: América Jurídica, 2002, p. 4.

enfrentou o mérito, assim passando em julgado. Conquanto tenha sido prestigiada pelo legislador constituinte, não se pode dizer que a matéria em questão tem a sua inserção na Constituição da República, porque esta não regula matéria de natureza estritamente instrumental. O dispositivo que nela se contém é, todavia, no sentido de proteger a coisa julgada na seara infraconstitucional, impedindo que a legislação ordinária pudesse alterar a substância daquilo que foi decidido, restringindo ou ampliando o seu objeto[261].

O autor leciona que a função jurisdicional pressupõe um conflito. A resolução desse fica a cargo do Poder Judiciário (que faz atuar a jurisdição). No plano jurisdicional, se a decisão (sentença ou acórdão) não se harmoniza com os preceitos constitucionais, configura-se seu caráter inconciliatório. Viola-se, assim, princípio basilar do Estado de Direito que é a supremacia da Constituição[262].

O princípio da segurança jurídica, na visão de Carlos Valder, não pode ser invocado para fundamentar a tese de que a coisa julgada tem um poder de absoluta imutabilidade. Segundo sua proposição, a segurança jurídica (revelada pela *res judicata*) deve ser submetida aos seguintes princípios: moralidade, justiça e equidade. No fundo, o autor propõe uma hierarquia entre princípios constitucionais. Confira-se, *in verbis*:

> *Transparece dissonante, nessa perspectiva, invocar-se a segurança jurídica para acolher a tese de que a coisa julgada faz do preto branco, ao se querer impingir-lhe o caráter de absolutividade de que não é revestida. Os*

---

261 NASCIMENTO, Carlos Valder do. *Op. cit.*, p. 8.
262 NASCIMENTO, Carlos Valder do. *Op. cit.*, p. 10.

princípios da moralidade, da justiça e da equidade devem ser realçados como apanágio de uma sociedade civilizada, de modo a revelar seu degrau de superioridade em confronto com os demais que povoam o universo jurídico[263].

Conclui que a afirmação da coisa julgada como corolário da segurança jurídica não é enfraquecida diante da declaração de sua nulidade quando transgride o texto da Constituição. Isso ocorre por dois motivos: "primeiro, porque seu alcance sofre limitações no seu aspecto subjetivo, com a possibilidade de manuseio da rescisória, para desconstituição do julgado; segundo, porque presente, nesses casos, os pressupostos da *relatividade* inerentes a natureza das coisas"[264].

Optando pelo entendimento de que a *res judicata* decorre de norma infraconstitucional, Carlos Valder não vê dificuldades para submeter o conteúdo da decisão transitada em julgado aos parâmetros da Constituição. As sentenças ou acórdãos que discordam dos mandamentos constitucionais são nulas, da mesma forma que os demais atos jurídicos emanados dos demais Poderes da República.

Não pode haver uma hierarquia entre os atos típicos dos três Poderes, por isso escreve o autor:

Pensar que a decisão jurisdicional, coberta pelo manto da irreversibilidade, faz-se ato jurisdicional intocável é relegar a regra geral, segundo a qual todos os atos estatais são passíveis de desconstituição. Não há hierarquia entre os atos emanados dos Poderes da República, pois, todos eles são decorrentes do exercício das funções de-

---

263 NASCIMENTO, Carlos Valder do. Op. cit., p. 12.
264 NASCIMENTO, Carlos Valder do. Op. cit., p. 12.

senvolvidas pelos agentes políticos em nome do Estado. Tanto os atos jurisdicionais quanto os legislativos e administrativos têm o mesmo peso, em face do princípio constitucional de que os Poderes da República (Judiciário, Legislativo e Executivo) são "independentes e harmônicos entre si". De sorte que a submissão dos atos praticados pelo Legislativo e Executivo ao crivo da Constituição não afasta o exame daqueles de responsabilidade do Judiciário, que atentem contra as normas dela emanadas[265].

A eliminação da sentença nula (no caso, inconstitucional) é necessidade inadiável, tendo em vista sua grande carga lesiva à ordem jurídica. A retirada dos seus efeitos do mundo jurídico revela a restauração do primado da legalidade. Aduz o autor que a jurisprudência caminha no mesmo sentido, não reconhecendo caráter absoluto à coisa julgada. Citando um voto do juiz federal (do TRF da 1ª Região) Fernando Tourinho Neto, assevera que *a res judicata cede diante de erro material da decisão, ou mesmo diante de um absurdo nela consagrado*[266].

Quanto aos instrumentos processuais com aptidão para a impugnação da *res judicata* inconstitucional, entende cabíveis a *querela nullitatis* e os embargos do devedor. A primeira se justifica por ser uma ação declaratória, não sujeita a lapso temporal, quando não mais possível a desconstituição do julgado pela ação rescisória. No escólio do autor:

São, por conseguinte, passíveis de ser desconstituídas as sentenças que põem termo ao processo, por ter decido o

---

265 NASCIMENTO, Carlos Valder do. *Op. cit.*, p. 14.
266 NASCIMENTO, Carlos Valder do. *Op. cit.*, p. 15.

mérito da demanda, enquadrando-se, também, na hipótese, os acórdãos dos tribunais. Isso se persegue mediante ação autônoma que engendra uma prestação jurisdicional resolutória da sentença hostilizada, cujos efeitos objetiva desconstituir. Nisso é que reside sua razão fundamental: anulação da sentença de mérito que fez coisa julgada inconstitucional[267].

A utilização dos embargos à execução para desconstituição dos efeitos da coisa julgada inconstitucional exsurge da própria lei: a Medida Provisória nº 2.180-35, de 18 de dezembro de 2001, incluiu o parágrafo único no art. 741 do CPC (além de ter feito o mesmo com a CLT, art. 884, § 5º). Para o autor, isso deu força ao controle dos atos jurisdicionais, tendo sido abarcada a tese da nulidade da coisa julgada em descompasso com a Constituição.

---

267 NASCIMENTO, Carlos Valder do. *Op. cit.*, pp. 19-20.

18. A TESE DE ALEXANDRE FREITAS CÂMARA

Segundo Câmara, os processualistas mais modernos não vinham apresentando teses para o abrandamento da autoridade da coisa julgada. Essa continuava capaz de tornar imutável e indiscutível o que havia sido decidido em sentença (quando inatacável por meio de recursos). Isso ocorria tanto na Itália, quanto na Alemanha, como nos países latino-americanos[268]. Tudo decorrente do fato de a *res judicata* ser vista como um imperativo de segurança jurídica.

O autor considera o vício de inconstitucionalidade o mais grave que pode acometer um ato jurídico. Aí se insere o problema da sentença cujo conteúdo é inconstitucional. O sistema processual brasileiro prevê um mecanismo de controle das decisões judiciais que afrontam a Constituição. Trata-se do recurso extraordinário (com base no art. 102, III, *a* da CF).

O problema, então, não se dá com as decisões que ainda são impugnáveis pela via recursal, mas quando há o trânsito em julgado da sentença. Alexandre Câmara entende que a

---

[268] CÂMARA, Alexandre Freitas. "Relativização da Coisa Julgada Material" in *www.cacofnd.org.br*, pp. 3-4, acessado em 10/2/2004.

sentença, mesmo quando eivada de inconstitucionalidade, é alcançada pela autoridade de coisa julgada. A dúvida que se impõe é: a coisa julgada seria capaz de sanar a inconstitucionalidade que a sentença contém?
A resposta para a pergunta está em aceitar ou não a relativização da coisa julgada. Escreve, assim, o autor:

> *Do que até aqui se expôs, já se pode notar a existência de duas tendências na moderna doutrina: a que nega a possibilidade de relativização da coisa julgada (Leonardo Greco) e a que afirma a necessidade de se permitir a rescisão, a qualquer tempo, de sentenças transitadas em julgado dque sejam "objetivamente desarrazoadas" (Sérgio Gilberto Porto e José Maria Rosa Tesheiner). Nenhuma dessas tendências, porém, tem se revelado dominante. Predomina, mais modernamente, a tendência doutrinária a permitir a relativização da coisa julgada independentemente de prévia desconstituição da sentença firme, em casos excepcionais*[269].

Para Câmara, a relativização da coisa julgada se impõe. Considera a *res judicata* uma garantia constitucional (um direito fundamental), eis que corolário da segurança jurídica, contida no art. 5º, *caput* e inciso XXXVI da CF. Interpretar o citado dispositivo restritivamente seria ler a Carta Política à luz da Lei de Introdução ao Código Civil (art. 6º), o que configuraria um erro de hermenêutica (o correto seria, exatamente, o contrário)[270].

O art. 6º da LICC, traria em seu bojo uma norma assecuratória do princípio da irretroatividade das leis. A Cons-

---

269 CÂMARA, Alexandre Freitas. *Op. cit.*, p. 13.
270 CÂMARA, Alexandre Freitas. *Op. cit.*, p. 16.

tituição, segundo Freitas Câmara, teria um alcance muito maior, *in verbis*:

> *O texto da Lei de Introdução ao Código Civil conduz, à toda evidência, uma norma destinada a assegurar o princípio da irretroatividade das leis. A Constituição da República, contudo, vai muito além disso, e estabelece que o direito adquirido, o ato jurídico perfeito e a coisa julgada estão protegidos contra leis que se destinem a prejudicá-los. Ora, nada há que permita considerar que a retroatividade seja a única forma de se prejudicar tais institutos. É claro que a lei retroativa será inconstitucional sempre que prejudicar o direito adquirido, o ato jurídico perfeito ou a coisa julgada. Será, porém, inconstitucional, qualquer lei que prejudique aqueles institutos jurídicos, ainda que sem retroagir. Basta pensar, por exemplo, na Lei 9494/97, que estabeleceu limites territoriais para a coisa julgada formada em processo de "ação civil pública", enfraquecendo o alcance da autoridade da coisa julgada. Tal lei, por prejudicar a coisa julgada, é inconstitucional, ainda que não tenha efeitos retroativos*[271].

Feita a escolha, só resta ao autor admitir a relativização da coisa julgada através da técnica da ponderação de interesses. As garantias constitucionais convivem com outros princípios e regras da Constituição, não tendo um caráter absoluto. Câmara retira do sistema jurídico constitucional a possibilidade de relativização da coisa julgada através do devido processo legal (art. 5º, LIV da CF). Admite, também, que a própria norma infraconstitucional pode ponderar interesses, estabelecendo o modo como a relativização

---

271 CÂMARA, Alexandre Freitas. *Op. cit.*, p. 16.

se dará. Não consente, contudo, na relativização com base em mera alegação de injustiça ou erro da sentença, sob pena de se destruir o conceito de coisa julgada[272].

Conclui, pois, que, unicamente, no caso de se ter algum fundamento constitucional é que seria possível a relativização da coisa julgada, com a conseqüente reapreciação do que ficou decidido na decisão que transitou em julgado. Só o vício de inconstitucionalidade, no corpo da sentença ou acórdão, é que permitiria a incidência da técnica da ponderação de interesses com a finalidade de rescindir a coisa julgada.

Dentre os instrumentos para a rediscussão da coisa julgada, Câmara entende como o primeiro meio adequado a ação rescisória com fulcro no art. 485, V do CPC. Não estende o prazo de 2 anos. A decadência deve ser, em sua opinião, respeitada. Outro mecanismo viável está contido no art. 741, parágrafo único do CPC. são os embargos à execução com a hipótese trazida pela Medida Provisória nº 2.180-35. Sobre isso, menciona o autor:

> *O disposto no aludido parágrafo único do art. 741 nada mais é do que decorrência do alcance* erga omnes *das decisões proferidas pelo Supremo Tribunal Federal em processos de controle direto da constitucionalidade. Não se aceitar o afastamento da coisa julgada em casos como os a que alude o parágrafo único do art. 741 do CPC implicaria restringir ilegitimamente o alcance das decisões da Corte Suprema. Basta imaginar o seguinte exemplo: alguém é condenado a pagar certa quantia em dinheiro, tendo a sentença por fundamento o disposto em certa lei. Transitada em julgado esta sentença condenatória, vem o Supremo Tribunal Federal, em processo de*

---

272 CÂMARA, Alexandre Freitas. *Op. cit.*, pp. 16-17.

controle direto da constitucionalidade, a declarar a inconstitucionalidade daquela mesma lei. Conseqüência disso é que ninguém terá de pagar a verba a que a mesma se refere. A não-relativização da coisa julgada formada naquele primeiro processo faria com que todos ficassem livres da obrigação, menos o que ali ficou vencido. Dito de outro modo, a decisão do STF teria alcance que não seria, a rigor, erga omnes, pois alcançaria a toda a sociedade menos ao vencido naquele primeiro processo, que seria aúnica pessoa a ter de cumprir a obrigação decorrente de lei declarada inconstitucional. Ora, se a decisão do STF é oponível contra todos, também aquele que fora condenado com base na lei inconstitucional fica livre da obrigação, razão pela qual seu pagamento não pode ser exigido. E os embargos do executado se apresentam como meio processual adequado para a alegação de tal inexigibilidade[273].

Por se tratar o vício de inconstitucionalidade de matéria de ordem pública, Câmara admite o manejo da exceção de pré-executividade. Propõe, ainda, a *querela nullitatis*, ação declaratória de ineficácia da sentença transitada em julgado. O autor ensina que a coisa julgada possui a eficácia sanatória geral: uma vez transitada em julgado a decisão, convalescem todas as invalidades do processo em que foi proferida. As invalidades desaparecem, mas pode permanecer a ineficácia. Essa poderá ser reconhecida através da propositura da ação declaratória[274].

Por fim, Câmara assevera que o grande problema da relativização da coisa julgada é a instabilidade que pode ser gerada com a sua aplicação. Especialmente, diante de vá-

---

273 CÂMARA, Alexandre Freitas. *Op. cit.*, p. 22.
274 CÂMARA, Alexandre Freitas. *Op. cit.*, pp. 22-23.

rios mecanismos de combate à coisa julgada inconstitucional que vêm sendo propostos pela doutrina.

Sugere, *de lege ferenda*, o autor que se acrescente um novo inciso ao art. 485 do CPC, estabelecendo que a sentença de mérito transitada em julgado poderia ser rescindida caso ofendesse a norma constitucional. O novo acréscimo, todavia, somente seria viável se fosse "a pedra fundamental" de um novo regime. Seria preciso, assim, acrescentar-se um novo parágrafo ao art. 485 do CPC. Esse traria a seguinte disposição: "(...) a sentença de mérito transitada em julgado que ofende a Constituição só deixa de produzir efeitos após rescindida na forma prevista neste Capítulo, permitida a concessão, pelo relator, de medida liminar que suspenda temporariamente seus efeitos se houver o risco de que sua imediata eficácia gere dano grave, de difícil ou impossível reparação, sendo relevante a fundamentação da demanda rescisória"[275]. Tal hipótese, passaria a ser a única adequada à desconstituição da *res judicata* inconstitucional.

---

275 CÂMARA, Alexandre Freitas. *Op. cit.*, pp. 23-24.

19. NOSSA POSIÇÃO

A redação do art. 5º, XXXVI da CF é a seguinte: "a lei não prejudicará o direito adquirido, o ato jurídico perfeito e a coisa julgada". Ao dizer, de forma clara, "a lei não prejudicará", não restam dúvidas de que se enfrenta, em verdade, tema de direito intertemporal: o constituinte teve a preocupação de evitar que lei superveniente contemplasse uma normatização diversa para a relação jurídica objeto de uma determinada decisão judicial transitada em julgado. Esta é a única regra sobre a coisa julgada que foi elevada à categoria de norma constitucional.

O caso julgado tem o caráter de norma jurídica individual, ou seja, norma jurídica para o caso concreto (para as partes do processo). Não compreendemos que a coisa julgada inconstitucional seja um ato processual inexistente, como professa Ivo Dantas, Teresa Arruda Wambier e José Miguel Medina. O intérprete do Direito deve ter em mente que os três planos das normas jurídicas não se confundem: existência, validade e eficácia.

A coisa julgada (decorrente de decisão exarada por magistrado, diante de uma demanda e de partes legítimas), quando presentes os componentes essenciais do ato jurídico sentença — relatório, motivação e dispositivo —, é ato jurídico existente.

Ao transitar em julgado, tal decisão judicial passa a produzir todos seus efeitos pertinentes. Conclui-se, pois, que se trata de ato jurídico existente e eficaz. O problema da coisa julgada eivada de vício de inconstitucionalidade se dá no plano da validade (seu conteúdo contraria princípios e regras da Carta Magna, ou seja, não condiz com as normas que deveria obrigatoriamente observar). Seus elementos essenciais (ou parcela deles) se contrapõem à norma jurídica superior, de onde retira sua validade. Resultado: trata-se de um ato existente e eficaz, porém inválido[276].

A corrente que entende a coisa julgada inconstitucional como ato inexistente é, ao nosso ver, contraditória. Este pensamento afirma que a coisa julgada sequer chegaria a se formar. Como se pode denominar ato que inexiste, e que por isto não faz surgir a *res judicata*, de "coisa julgada" inconstitucional?

Outro problema com a mencionada corrente é que o ato inexistente não produz efeitos (ao contrário do ato nulo). A coisa julgada inconstitucional, entretanto, produz todos os seus, dando ensejo à execução forçada por título executivo judicial. Qual seria a explicação para isto?

Dentre as contradições desta corrente, apresenta-se, ainda, o entendimento de ser cabível a ação rescisória para a sua desconstituição (como quer Ivo Dantas). Ora, não há razão jurídica (falta de interesse processual) para se desconstituir um ato que não existe e que, portanto, não produz efeitos. Basta ao interessado resistir ao mesmo, através de uma simples petição! Ademais, a rescisória só tem cabimento diante de coisa julgada material, eis que o art. 485, *caput* do CPC refere-se à sentença de mérito transitada em julgado[277].

---

276 Aprofundaremos este raciocínio no Capítulo 22.
277 Desenvolvemos o tema no capítulo 19.

Não nos parece, também, que certa coisa julgada seja inconstitucional por acolher pedido juridicamente impossível (pedido inconstitucional). A qualidade do pedido deve ser avaliada pelo magistrado no momento da propositura da ação (e não após o trânsito em julgado da sentença). É de se lembrar, ainda, que a sentença é prolatada de acordo com a situação fática do momento, nos termos do art. 462 do CPC. Este é o último momento em que o magistrado pode reconhecer o pedido como juridicamente impossível. O mesmo vale para o acórdão.

Além disso, não há que se confundir pedido com causa de pedir. A causa de pedir remota (a lei em que se fundamenta o pleito autoral) é que, em regra, pode ser tida por inconstitucional. Para que o pedido, propriamente dito, seja inconstitucional, necessário é que contrarie a Carta Magna. Exemplo: pedido de condenação da parte ré a ressarcir dano material através da entrega de um órgão de seu corpo.

Norma jurídica existente que é, a coisa julgada não pode desconsiderar o princípio da supremacia da Constituição, gozando de intangibilidade frente aos preceitos da Lei Fundamental. Como toda norma ordinária, ela se sujeita ao conteúdo da Carta da República. Se tal ato jurídico perfeito[278] contrai algum vício de inconstitucionalidade, deve ter seus efeitos desconstituídos, ou seja, tem que sucumbir diante da norma de maior hierarquia no ordenamento jurídico.

A coisa julgada pode ser classificada de inconstitucional, unicamente, em momento superveniente à sua formação. Anteriormente, não há tal possibilidade. Caso haja uma decisão do STF pela inconstitucionalidade ou consti-

---

278 A Constituição quis dar ênfase à coisa julgada no art. 5º, XXXVI, já que ela é espécie do gênero ato jurídico perfeito.

tucionalidade de determinada lei (em controle abstrato) enquanto o processo judicial está em curso, o juízo deverá acatá-la, eis que vinculante (art. 102, § 2º da CF c/c art. 28 da Lei 9868/99). A coisa julgada se formará de acordo com aquela decisão da corte suprema. Note-se que, quando algum órgão do Poder Judiciário se recusa a observar decisão do STF em controle abstrato, cabe reclamação, nos termos dos arts. 156 e 162 do Regimento Interno do STF c/c art. 102, "l" da CF.

Em outros sistemas jurídicos, como o português, o tema se passa de forma diferente. O art. 282, n. 3 da Constituição de Portugal, estabelece expressamente a ressalva dos casos julgados. Consagra-se no texto a imperturbabilidade das decisões judiciais proferidas com fundamento na lei inconstitucional. Mesmo assim, a doutrina portuguesa não é unânime no tema. Há quem entenda que o chamado "caso julgado inconstitucional" não pode prevalecer (como é o caso de Paulo Otero, conforme posicionamento já citado).

Uma parcela da doutrina portuguesa entende que a referência constante no art. 282, n. 3 da Constituição de Portugal ultrapassa, em muito, a consagração expressa da tutela constitucional dos valores da segurança e certeza da ordem jurídica. Fundamenta, pois, sua tese do controle de constitucionalidade sobre a coisa julgada no fato de ser um princípio geral do direito português que todas as normas inconstitucionais são, a qualquer tempo, passíveis de fiscalização da sua validade, nunca se consolidando na ordem jurídica. Num Estado Constitucional, fundado no princípio da juridicidade e na garantia dos direitos dos particulares, não pode haver a desconformidade direta das decisões judiciais com a Constituição. Deve haver um regime jurídico de harmonia com os valores que se pretende tutelar.

Estudando as normas constitucionais brasileira e portuguesa, percebe-se como o acolhimento do instituto processual da coisa julgada se efetivou de forma diferente nos dois países. Em Portugal, para que se desconstituam os efeitos da *res judicata*, é necessário socorrer-se da técnica da ponderação de interesses. O caso julgado é uma norma constitucional. Tem que ser harmonizado com outros princípios e regras da mesma Lei Máxima, sob pena de violação do sistema jurídico. No Brasil, não se dá o mesmo. A coisa julgada é consagrada em norma infraconstitucional. Aplica-se, simplesmente, o princípio da supremacia da Constituição: toda norma do ordenamento jurídico deve estar em conformidade com a Lei Suprema. Caso contrário, o Judiciário decretará sua nulidade absoluta, retirando-lhe os efeitos jurídicos.

A vantagem do sistema brasileiro consiste em não se incorrer em subjetivismo ao se efetuar, pelo subprincípio da proporcionalidade em sentido estrito ou racionalidade, a ponderação de interesses. Basta, ao contrário, aplicar a regra de hermenêutica para solução de antinomias, pela qual a norma de hierarquia maior prevalece sobre aquela menor. Trata-se de um raciocínio claro e objetivo.

Não há, dessa maneira, que se ponderar a segurança jurídica com a justiça na questão em tela. Em qualquer caso, para que seja justa uma dada decisão transitada em julgado, necessária será sua conformação com os princípios e regras do Texto Fundamental. Diante do direito positivo, a justiça é a aplicação correta da norma, entendendo-se por isso, principalmente, a sua conformação à Constituição. Assim, dá-se amplo cumprimento ao princípio da legalidade em sua maior expressão: o respeito à Lei Fundamental.

A Constituição do Brasil, em seu art. 2º, prevê o princípio da separação dos Poderes. Deve-se, pois, em nome da harmonia e isonomia, igualar-se o peso de cada um dos atos típicos dos Poderes (Executivo, Legislativo e Judiciário) frente à Constituição. Desta forma, para fins de controle de constitucionalidade, todos são equiparados e, uma vez que ofendam a Carta Política, devem ser submetidos ao crivo do órgão competente para a decretação de sua nulidade. Desse modo, tem-se o equilíbrio e a paridade entre eles. A coisa julgada não pode ficar imune diante de uma violação à ordem constitucional, como se possuísse uma prerrogativa que os atos administrativos e as leis não têm.

Em geral, a coisa julgada inconstitucional opera na ordem jurídica violando o princípio da isonomia. É o que acontece quando diversas pessoas estão em situações idênticas e recebem decisões divergentes do Poder Judiciário. Tal ocorre porque os vários órgãos que compõem tal Poder podem interpretar a Constituição de forma diferente diante de um mesmo caso concreto. As sentenças transitam em julgado sedimentando, a princípio, o direito que contêm. Ao entender-se que são intocáveis, com base na intangibilidade da coisa julgada, ter-se-á uma permanente violação da Constituição. Motivo suficiente para permitir-se a unificação do entendimento jurisprudencial, à luz do controle abstrato feito pelo STF (obtendo-se maior segurança jurídica).

Em regra, as decisões do STF em controle difuso não dão direito à desconstituição dos efeitos da coisa julgada através dos instrumentos cabíveis (ação rescisória, embargos à execução, mandado de segurança e *querela nullitatis*). Salvo se a norma jurídica declarada inconstitucional pelo STF for suspensa pelo Senado Federal, nos termos do art. 52, X da CF (uma vez que, somente nesta hipótese, aquela decisão terá efeitos *erga omnes*). Fora isto, só serão retirados os efeitos do provimento judicial se a norma em que se apóia a *res judicata* tiver sido julgada definitivamente em fiscalização abstrata de constitucionalidade pelo excelso pretório.

Liminar concedida em ação direta de inconstitucionalidade, por não ser definitiva e ter efeitos *ex nunc*, também não tem o condão de legitimar a desconstituição dos efeitos da coisa julgada. O mesmo pode ocorrer nas decisões definitivas do STF em controle abstrato. O art. 27 da Lei 9868/99 permite que o STF confira efeitos *ex nunc* aos julgados em controle abstrato de constitucionalidade, fazendo com que os direitos que foram adquiridos no período em que a norma inconstitucional produziu efeitos permaneçam intocados. Neste caso, os atos jurídicos perfeitos e as sentenças inconstitucionais transitadas em julgado estarão preservados. A decisão do STF valerá do momento de sua publicação para a frente. A coisa julgada inconstitucional permanecerá incólume.

A mesma coisa acontecerá se o STF fixar uma determinada data para que seu julgamento tenha eficácia. O ato normativo inconstitucional somente será extirpado do ordenamento jurídico daquele momento em diante. Assim, todas as coisas julgadas inconstitucionais que nele se basearam, anteriores àquela data, subsistirão.

Vale observar que o controle abstrato realizado pelo STF pode se dar tanto em ação direta de inconstitucionalidade quanto em ação declaratória de constitucionalidade (art. 102, I, "a" da CF c/c arts. 2º e 13 da Lei 9868/99). A coisa julgada inconstitucional pode ser detectada com o advento de decisão do STF que julga procedente o pedido em ação direta de inconstitucionalidade ou que julga improcedente o pleito em ação declaratória de constitucionalidade. Isto ocorre devido ao caráter dúplice ou ambivalente destas ações[279], nos termos do art. 173 do Regimento

---

279 VELOSO, Zeno. *Controle Jurisdicional de Constitucionalidade.* 3ª edição revista, atualizada e ampliada. Belo Horizonte: Del Rey, p. 85.

Interno do STF c/c art. 24 da Lei 9868/99. Em ambos os casos, o acórdão ou a sentença que transitaram em julgado se contrapõem à diretriz vinculante da suprema corte (por ter declarado inconstitucional ato normativo contrariamente à decisão do STF ou vice-versa).

Dentro do controle abstrato de constitucionalidade[280] há, ainda, que se mencionar a argüição de descumprimento de preceito fundamental (ADPF), consoante o art. 102, §1º da CF c/c Lei 9882/99. Aqui, também, há a possibilidade, diante de julgamento superveniente do STF declarando a inconstitucionalidade de determinado ato normativo federal, estadual ou municipal, do surgimento da coisa julgada inconstitucional.

Como entendemos que a coisa julgada inconstitucional é ato existente e eficaz, nossa proposta é o cabimento, em primeiro lugar, de ação rescisória, com fulcro no artigo 485, V do CPC (mesmo fora do prazo de 2 anos). A tutela deverá, inclusive, ser antecipada neste caso, o que faz com que este instrumento seja extremamente vantajoso. Caso não se queira arriscar a propositura da rescisória fora do prazo decadencial (obviamente, já tendo o mesmo se escoado), o operador do Direito pode opor embargos à execução, com a intenção de desconstituir os efeitos produzidos pela coisa julgada, consoante dispõe o art. 741, parágrafo único do CPC. Passado *in albis* o prazo para a propositura desta ação incidental, caberá ao interessado a escolha entre dois instrumentos processuais: o mandado de segurança ou a *querela nullitatis*.

O mandado de segurança é remédio constitucional adequado a extirpar a ilegalidade ou abuso de poder que afronta o direito individual ou coletivo. A coisa julgada inconstitucional traz em seu corpo uma ilegalidade que atinge

---

280 VELOSO, Zeno. *Op. cit.*, p. 309.

normas constitucionais: a inconstitucionalidade. Para o manejo do *mandamus*, entendemos que não há que se respeitar o prazo de 120 dias disposto na Lei 1533/51, já que o mesmo é inconstitucional.

A *querela nullitatis* subsiste no direito brasileiro, podendo ser empregada como ação declaratória de nulidade absoluta (caso da coisa julgada inconstitucional). Tal ação pode ser proposta em órgão do Poder Judiciário de primeiro grau (salvo casos de competência originária de tribunal), sem estar submetida a prazo prescricional ou decadencial. A inconstitucionalidade jamais convalesce na ordem jurídica[281].

Por fim, é bom que se alerte para o fato de que a impugnação e a desconstituição dos efeitos da coisa julgada representam fatos extraordinários. Se fosse algo comum, a segurança jurídica estaria deveras ameaçada. Além disto, não se observam com grande freqüência coisas julgadas que atentem contra a Constituição. Em um ou noutro caso é que surgirá o problema, que deve ser sanado.

---

281 Todos esses temas (deste parágrafo e dos antecedentes) serão desenvolvidos na 4ª parte deste trabalho.

4ª PARTE

Apresentam-se, nesta parte, os instrumentos adequados à impugnação da coisa julgada inconstitucional. Examina-se cada um deles, expõem-se as questões controvertidas e os debates relevantes relacionados com o tema.

20. A AÇÃO RESCISÓRIA

A ação apta a desconstituir a coisa julgada material, com o eventual rejulgamento daquilo que fora anteriormente decidido na sentença (ou acórdão), chama-se ação rescisória. Como o próprio nome informa, não se trata de um recurso, mas sim de uma ação autônoma de impugnação[282]. A diferença entre ambos é que, por meio de recurso, se impugna a decisão no próprio processo em que foi proferida, enquanto que, com o manejo da ação autônoma de impugnação, ter-se-á sempre a instauração de um novo processo[283].

Esta ação não se presta ao reexame do direito de um determinado cidadão, mas, tão-somente, à reavaliação daquela sentença que já transitou em julgado. Pontes de Miranda escreve que, na rescisória, ocorre verdadeiro julgamento de julgamento. Tem-se um processo sobre outro processo. Através deste instrumento processual, não se examina o direito de alguém, mas a sentença transitada em

---

[282] NERY JUNIOR, Nelson. *Princípios Fundamentais — Teoria Geral dos Recursos*. 5ª edição, revista e ampliada. São Paulo: Revista dos Tribunais, 2000, p. 83.
[283] BARBOSA MOREIRA, José Carlos. *Comentários ao Código de Processo Civil, Volume V*. 9ª edição revista e atualizada. Rio de Janeiro: Forense, 2001, p. 100.

julgado, ou seja, não apenas a prestação jurisdicional apresentada (o que equivaleria a um recurso), mas aquela já entregue. Enfim, é um remédio jurídico processual autônomo, que tem por objeto a própria sentença rescindenda[284].

20.1. Origem

A ação rescisória nasceu da evolução de dois remédios processuais antigos: a *querela nullitatis* e a *restitutio in integrum* romana. A primeira prestava-se à impugnação de *error in procedendo*, ao passo que a segunda averiguava a existência de algum motivo que, de acordo com a eqüidade, servisse de justificativa para o reexame da matéria julgada, impedindo a perpetuação de decisões consideradas injustas[285].

20.2. Cabimento

O art. 485, CPC indica ser o objeto da rescisória a "sentença de mérito". Sentença de mérito, segundo a doutrina, é aquela onde o juiz acolhe ou rejeita o pedido autoral. Observa-se que atinente ao mérito deve ser a decisão rescindenda, mas não necessariamente o vício que lhe é imputado. A exigência da norma processual condiz com o objeto, mas não com o fundamento do pedido da rescisão. Uma sentença de mérito, sem nenhum inconveniente,

---

284 MIRANDA, Pontes de. *Tratado da Ação Rescisória das Sentenças e de Outras Decisões*. 5ª edição, corrigida, posta em dia e aumentada. Rio de Janeiro: Forense, 1976, p. 120.
285 BARBOSA MOREIRA, José Carlos. *Op. cit.*, p. 103.

pode ser rescindível em razão de *error in procedendo*, pela violação de uma norma processual[286].

Apesar da dicção do citado artigo (onde se lê "mérito"), importa, na verdade, que a sentença tenha aptidão para fazer coisa julgada material. Observe-se uma sentença proferida numa ação cautelar: se o magistrado acolhe ou rejeita a providência acautelatória requerida pela parte, estará julgando seu mérito. Mesmo assim, tal decisão judicial não pode, em regra, ser objeto de uma ação rescisória. Falta-lhe o requisito da aptidão para a formação de coisa julgada material[287].

Isto pode ser afirmado porque a sentença cautelar é proferida com fulcro em uma cognição sumária. Segundo Alexandre Câmara, "(...) é ela fundada num juízo de probabilidade, não tendo conteúdo declaratório da existência ou inexistência do direito substancial. (...) Sendo a medida cautelar uma providência capaz de ser revogada a qualquer tempo, (...) não seria admissível se aceitar que a sentença cautelar pudesse ficar revestida da coisa julgada substancial"[288].

20.3. Natureza Jurídica e Procedimento

A natureza jurídica da ação rescisória é constitutiva negativa ou desconstitutiva, já que se apresenta como um remédio apto à eliminação da sentença que transitou em julgado[289]. Ensina, pois, Barbosa Moreira que a condição

---

286 BARBOSA MOREIRA, José Carlos. *Op. cit.*, p. 109.
287 BARBOSA MOREIRA, José Carlos. *Op. cit.*, p. 113.
288 CÂMARA, Alexandre Freitas. *Lições de Direito Processual Civil*, Vol.III3. Rio de Janeiro: Lumen Juris, 2000, p. 70.
289 MIRANDA, Pontes de. *Op. cit.*, p. 137.

jurídica da sentença rescindível é similar à do ato anulável. O caso é de uma invalidade que só opera depois de judicialmente decretada e que, por isto, pode ser classificada (de acordo com a melhor técnica) como uma anulabilidade (em oposição à nulidade que atua com efeitos *ex tunc*). Rescindir, do mesmo modo que anular, significa desconstituir[290].

Esta ação tem, ainda, uma outra particularidade: o seu pedido. A petição inicial endereçada ao tribunal competente, contendo os elementos do art. 282 do CPC, deverá apresentar, além do depósito de 5% sobre o valor da causa (exigência não oponível à União, Estado, Município ou Ministério Público, consoante o parágrafo único do art. 488 do CPC), uma providência especial. Nos termos do art. 488, I do CPC, a parte autora deve cumular o pedido de rescisão, se for o caso, com o de novo julgamento da causa. Não se trata de faculdade do autor, mas sim de uma obrigatoriedade. Conforme ensina Humberto Theodoro Júnior, existem, na prática, três hipóteses em que esta cumulação não acontecerá: a) a de ofensa à coisa julgada, nos termos do art. 485, IV do CPC (quando a rescisória apenas desconstituirá a sentença impugnada); b) a do juiz peitado, consoante o art. 485, I do CPC; e c) a do juiz impedido ou absolutamente incompetente, conforme dispõe o art. 485, II do CPC. A justificativa para estes dois últimos exemplos é a de que toda a instrução do processo será anulada e, como conseqüência, o feito terá de ser renovado na primeira instância[291].

Este "duplo pedido" na ação rescisória revela o que a doutrina processual chama de *judicium rescindens* (ou seja,

---

290 BARBOSA MOREIRA, José Carlos. *Op. cit.*, p. 109.
291 THEODORO JÚNIOR, Humberto. *Curso de Direito Processual Civil*, Vol. I. 21ª edição. Rio de Janeiro: Forense, 1997, p. 651.

o pedido de rescisão da sentença ou acórdão) e *judicium rescissorium* (vale dizer, de novo julgamento da questão). O escólio de Barbosa Moreira é no sentido de que, normalmente, os dois *judicia* se sucedem no tribunal sem solução de continuidade. Sempre que isto se der, é necessário que o autor cumule os pedidos. Resultado da inobservância dessa regra é a incidência do art. 284 e seu parágrafo único do CPC: o juiz dará dez dias para a regularização da petição inicial, sob pena do seu indeferimento. Não é lícito ao órgão julgador suprir, por si próprio, o pedido de novo julgamento omitido pelo autor[292].

20.4. Violação à Constituição

No rol das vicissitudes apontadas pelo CPC como causas para ação rescisória, não se encontra, expressamente, o item violação à Constituição. A hipótese da coisa julgada inconstitucional, todavia, enquadra-se no art. 485, V do CPC. Deve-se entender a palavra "lei" em sentido amplo. Compreendem-se embutidas aí as seguintes espécies normativas: Constituição, lei complementar, lei ordinária, lei delegada e medida provisória[293].

Importante, ainda, mencionar que a Súmula nº 343 do Supremo Tribunal Federal deve ser afastada no caso. Sua redação afirma que não cabe ação rescisória com base no art. 485, V do CPC quando, à época da prolação da decisão que se pretendia rescindir, a jurisprudência era controvertida. O motivo da não incidência da referida Súmula é que, aqui, o vício é muito mais grave. Tem-se vício de inconstitucionalidade, e não de ilegalidade. Cabe, aliás, o registro

---

292 BARBOSA MOREIRA, José Carlos. *Op. cit.*, p. 178.
293 BARBOSA MOREIRA, José Carlos. *Op. cit.*, p. 130.

de que, na doutrina, há opinião no sentido de ser tal Súmula inconstitucional. O fundamento para esta conclusão é a violação dos princípios constitucionais da isonomia e da legalidade[294].

Este entendimento, todavia, não é pacífico na doutrina. Ada Pellegrini Grinover tem posicionamento no sentido da não incidência da Súmula nº 343 do STF, unicamente, nos casos onde a lei em que se baseou a decisão rescindenda é declarada inconstitucional pelo Supremo Tribunal Federal com efeitos *ex tunc*. Segundo a autora, o mesmo raciocínio não se aplica nas hipóteses em que a decisão rescindenda julgou inconstitucional a lei e, posteriormente, o STF a considerou constitucional. Neste caso, para Ada, como nada é nulificado e não se caracteriza a categoria da inexistência da lei, ficam a salvo da rescisória as decisões que tenham considerado a lei inconstitucional[295].

Tal lição, apesar de bem sustentada, não parece ser a que melhor se harmoniza com o sistema do controle abstrato de constitucionalidade brasileiro. Em ambos os casos, tanto na ação direta de inconstitucionalidade (ADI), quanto na ação declaratória de constitucionalidade (ADC), a questão é referente a vício de inconstitucionalidade de norma jurídica. Portanto, o motivo exposto acima para a rejeição da Súmula nº 343 do STF tem a mesma validade nos dois casos.

Neste contexto, Humberto Theodoro Júnior informa que o STJ vem, com freqüência, admitindo a ação rescisória para desconstituir a coisa julgada inconstitucional (ci-

---

294 WAMBIER, Teresa Arruda Alvim. "Sobre a Súmula 343", *in Revista de Processo*. São Paulo: Revista dos Tribunais, ano 22, nº 86, abr/jun de 1997, pp. 148-151.
295 GRINOVER, Ada Pellegrini. "Ação Rescisória e Divergência de Interpretação em Matéria Constitucional" *cit.*, p. 9.

tando, inclusive, diversos julgados do pretório)[296]. Humberto Gomes de Barros, Ministro do STJ, entende que, nos casos onde a decisão judicial rescindenda aplica a lei cuja inconstitucionalidade é depois declarada pelo Supremo Tribunal Federal, cabe a ação rescisória. Não importa nem mesmo a circunstância de que, na época em que se formou tal decisão, fosse controvertida nos tribunais a compatibilidade entre a Constituição e a lei em questão. Para o Ministro, a restrição contida na Súmula nº 343 do STF incide somente quando o dissídio pretoriano envolve a interpretação de dispositivo legal[297].

Seguindo este raciocínio, Ari Pargendler, também Ministro do STJ, apresenta a mesma opinião: quando o Pretório Excelso declara a inconstitucionalidade de certa lei que antes tinha sido reputada válida por acórdão de determinado tribunal, o ato decisório deste último deve ser rescindido, ainda que, à época, o tema fosse controvertido[298].

Por sinal, atualmente, a matéria encontra-se pacificada no mesmo STJ, conforme se depreende de acórdão onde foi Relator o Ministro Francisco Peçanha Martins, *in verbis*:

(...) A eg. Corte Especial deste Tribunal pacificou o entendimento, sem discrepância, no sentido de que é admissível a ação rescisória, mesmo que à época da decisão rescindenda fosse controvertida a interpretação de texto constitucional, afastada a aplicação da Súmula nº 343/STF (Resp nº 36.017/PE, 2ª Turma, Relator

---

296 THEODORO JÚNIOR, Humberto. *A Coisa Julgada Inconstitucional* cit., p. 150.
297 Acórdão citado por José Maria Tesheiner *in Eficácia da Sentença* cit., p. 191.
298 Idem.

Min.Francisco Peçanha Martins, DJU de 11.12.2000, p. 185)[299].

20.5. Antecipação da Tutela em Ação Rescisória

Examina-se, a seguir, a possibilidade de antecipação da tutela nestas ações rescisórias que têm por objetivo a desconstituição da coisa julgada inconstitucional. Já em 1995, o Tribunal de Justiça do Paraná, através do Desembargador Abrahão Miguel, concedeu liminar admitindo tal pleito[300]. Na ocasião, Luiz Rodriguez Wambier (dentre outros) defendeu esta tese sob o argumento de que o art. 489 do CPC deveria ser interpretado de forma sistemática. A interpretação literal do dispositivo teria de ser afastada por não ser propriamente um método, mas um pressuposto interpretativo. Não se poderia desconsiderar na leitura e compreensão dos artigos (novos ou antigos) do CPC a intenção que teve o legislador de agilizar e encurtar o caminho da prestação jurisdicional. Tudo isto sob pena de se transformar a reforma da legislação processual, mesmo que parcialmente, em letra morta[301].

Wambier afasta a noção de que, diante da negativa do art. 489 do CPC, o pleito de tutela antecipada em ação rescisória seria impossível. O autor propõe a seguinte exe-

---

299 Acórdão citado por Humberto Theodoro Jr. *in A Coisa Julgada Inconstitucional cit.*, p. 150.

300 Acórdão Publicado na seção "Jurisprudência na Íntegra", *in Revista de Processo*. São Paulo: Revista dos Tribunais, ano 21, nº 82, abr/jun de 1996.

301 WAMBIER, Luiz Rodrigues *et al.* "Tutela Antecipada Pleiteada (e obtida) Em Ação Rescisória — TJPR", *in Revista de Processo*. São Paulo: Revista dos Tribunais, ano 21, nº 82, abr/jun de 1996, p. 291.

gese para o citado dispositivo legal: "(...) a ação rescisória não suspende a execução do julgado rescindendo desde que não se trate de hipótese encartável no art. 273 que, sendo genérico, se aplica a todo tipo de processo e procedimento"[302].

Tal ensinamento, a nosso ver, é correto. A tutela antecipada tem seus pressupostos dispostos no art. 273 do CPC. Difere, basicamente, da tutela cautelar pelo fato de ser satisfativa (não instrumental). Seu primeiro pressuposto se encontra no *caput* do citado artigo: o requerimento da parte. O juiz não pode concedê-la *ex officio*. Há, também, o requisito da "prova inequívoca" para o convencimento do magistrado a respeito da "verossimilhança" da alegação. As duas expressões, juntas no mesmo dispositivo, causam alguma dúvida quanto à interpretação nos operadores do Direito.

Em primeiro lugar, "verossimilhança" não significa certeza de que a alegação seja verdadeira. Por outro lado, tal expressão não deve ser traduzida simplesmente por "probabilidade". Há que se partir de uma premissa diversa para que se alcance um bom resultado hermenêutico neste caso. Note-se que a força persuasiva da prova já vem indicada no texto legal pela sentença "desde que, existindo prova inequívoca, se convença". Como *verba cum effectu, sunt accipienda* (não se presume que a lei traga palavras inúteis)[303], o significado do adjetivo "inequívoca" na expressão ora examinada deve ser outro.

O termo "equívoco" indica aquilo que tem mais de um sentido, configurando o antônimo de "unívoco". Barbosa Moreira ensina que "equívoca" é a prova a que se pode

---

302 WAMBIER, Luiz Rodrigues *et al. Op. cit.*, p. 291.
303 MAXIMILIANO, Carlos. *Hermenêutica e Aplicação do Direito.* 19ª edição, 3ª tiragem. Rio de Janeiro: Forense, 2002, p. 204.

atribuir mais de um sentido e, a contrário senso, "inequívoca" é aquela onde se vislumbra um único sentido. Isto independe da sua maior ou menor força de convencimento[304]. Aliás, mesmo sendo unívoca uma prova, pode ela não convencer o juiz.

A tarefa do juiz ao examinar um pedido de antecipação da tutela funciona, inicialmente, em duas etapas. Começa em saber se a prova que lhe é oferecida pela parte é unívoca (no sentido acima exposto). Em caso positivo, o magistrado passa a verificar a sua força persuasiva, ou seja, se aquela prova unívoca tem poder para fazer a alegação do requerente verossímil ou provável[305]. Esta, em nossa opinião, é a melhor interpretação para o art. 273, *caput* do CPC.

Estes pressupostos supra-apresentados (verossimilhança e prova inequívoca) revelam-se cumulativos, não sendo os únicos elementos para o deferimento da tutela. Outros devem lhes ser acrescentados. O terceiro requisito compõe-se do seguinte: a presença do receio de dano irreparável ou de difícil reparação, ou do abuso do direito de defesa ou o manifesto propósito protelatório por parte do réu (art. 273, incisos do CPC). Junta-se a isto um quarto requisito obrigatório: não ser irreversível o provimento (art. 273, § 2º do CPC).

Segundo o escólio de Barbosa Moreira, o que não pode ser irreversível para que a tutela possa ser antecipada é a situação criada pelo provimento, vale dizer, o conjunto de efeitos que este produz. Exemplifica-se: o pleito de entre-

---

304 BARBOSA MOREIRA, José Carlos. "Antecipação da Tutela: Algumas Questões Controvertidas", *in Revista Síntese de Direito Civil e Processo Civil*. Porto Alegre: Síntese, Ano III, n. 13, set/out de 2001, p. 7.
305 BARBOSA MOREIRA, José Carlos. "Antecipação da Tutela Algumas Questões Controvertidas" *cit.*, p. 8.

ga de uma coisa consumível, cujo uso importe em sua destruição. Aqui, não é possível a tutela antecipada, já que se trata de uma situação irreversível. Por mais que o juiz deseje desdizer aquilo que disse, seu novo provimento, embora reverta o que o outro enunciou, cairá no vazio porque encontrará uma situação que já não pode voltar ao seu estado anterior[306].

Em alguns casos, porém, a questão da irreversibilidade do provimento não se afigura tão simples. Um exemplo disto é a urgência numa transfusão de sangue para salvar a vida de uma criança, ameaçada pela oposição dos pais religiosos. Faz-se necessário requerer ao juiz o suprimento da autorização com a antecipação da tutela, sob pena do provimento perder sua utilidade. Aqui, não se pode tomar a proibição de antecipar a tutela quando irreversível o provimento ao "pé da letra". Tanto dar provimento ao pleito, quanto negá-lo, faz com que seus efeitos sejam irreversíveis. A solução, nesta espécie de caso, é valer-se do princípio da proporcionalidade: o magistrado efetuará uma valoração comparativa dos riscos, procederá a um balanceamento dos bens em jogo e dará prevalência a um[307].

Deve-se atentar, ainda, para outro fato relacionado com o deferimento do pedido: uma vez presentes todos os pressupostos para a concessão da tutela antecipada, o provimento deverá ser exarado pelo magistrado. Em outras palavras, não se trata de uma faculdade, em que pese o art. 273, *caput* do CPC dizer que "o juiz poderá". Embora haja, na regulação da antecipação da tutela no Código de Processo Civil, uma série de conceitos jurídicos indeterminados

---

306 BARBOSA MOREIRA, José Carlos. "A Antecipação da Tutela" *in Revista de Processo cit.*, p. 204.
307 BARBOSA MOREIRA, José Carlos. "Antecipação da Tutela Algumas Questões Controvertidas" *cit.*, p. 9.

(como, *v.g.*, "dano irreparável", "verossimilhança da alegação" e "propósito protelatório"), a dose de subjetividade do julgador encerra-se na integração destes conceitos. Ao interpretar cada uma destas expressões e se convencer da presença dos pressupostos do instituto processual, o juiz é obrigado a atender ao pleito de antecipação.

De acordo com tal corrente está Arruda Alvim, para quem, na hipótese do citado art. 273 do CPC, não se pode cogitar de discricionariedade, mas sim de interpretação de conceitos vagos e de expressões que ensejam dificuldade para a delimitação correta do seu campo de abrangência.[308] No mesmo sentido, entende Barbosa Moreira que "a verdadeira discricionariedade existe quando a lei concede ao juiz a possibilidade de optar entre fazer ou não, entre tomar esta ou aquela medida, mesmo depois da verificação dos pressupostos"[309]. Não é o caso daqui.

Questiona-se: numa ação rescisória, quando presentes os pressupostos da antecipação da tutela, seria cabível tal provimento? A rescisória é uma ação autônoma de impugnação, como já afirmado. Segundo Alexandre Freitas Câmara, "(...) é demanda cognitiva, razão pela qual o processo que se forma em razão de seu ajuizamento é processo de conhecimento"[310]. A tutela antecipada, por sua vez, é compatível com os processos de conhecimento, de execução, procedimentos ordinários, sumários e especiais, sendo, in-

---

308 ALVIM, Arruda. *Manual de Direito Processual Civil, Vol. 2*. 7ª edição revista, atualizada e ampliada, 2ª tiragem. São Paulo: Revista dos Tribunais, 2001, p. 420.
309 BARBOSA MOREIRA, José Carlos. "A Antecipação da Tutela" *in Revista de Processo cit.*, p. 209.
310 CÂMARA, Alexandre Freitas. *Lições de Direito Processual Civil, Vol. II*. 3ª edição, revista, atualizada e aumentada. Rio de Janeiro: Lumen Júris, 2000, p. 8.

clusive, perfeitamente utilizável na jurisdição trabalhista[311]. Pode-se afirmar que o juiz está autorizado a conceder a tutela antecipada em qualquer ação de conhecimento[312], como é o caso da rescisória.
A jurisprudência do STJ não vinha admitindo a tutela antecipada em ação rescisória, com base no empecilho do art. 489 do CPC. Este quadro, todavia, vem mudando. No agravo regimental em ação rescisória (AGRAR n° 911/MG, de 27/03/2000), em que foi Relatora a Ministra Nancy Andrighi, julgado na Primeira Seção do STJ, com decisão unânime, pode-se acompanhar:

Ementa. Ação rescisória ajuizada antes do deferimento do pedido liminar (22-04-99) na ADIn n° 1910-1 contra a eficácia do art. 188 do Código de Processo Civil, na redação dada pelo art. 5° da MP n° 1703-18, de 27/10/1998, "para suspender até a decisão final da ação direta, a eficácia do art. 188 do Código de Processo Civil na redação dada pelo art. 5° da MP n° 1703-18, de 27/10/1998". LIMINAR DEFERIDA PELO RELATOR PARA CONFERIR EFEITO SUSPENSIVO À AÇÃO RESCISÓRIA DE ACÓRDÃO PROFERIDO EM AÇÃO DE DESAPROPRIAÇÃO. AGRAVO REGIMENTAL IMPROVIDO.
(...)
III — Cabível a antecipação de tutela para conferir efeito suspensivo à ação rescisória, contudo, excepcionalmente, pode o magistrado deferir a suspensão requerida, dentro do seu poder geral de cautela, sempre que

---

311 CALMON DE PASSOS, José Joaquim. *Comentários ao Código de Processo Civil, Vol. III.* 8ª edição. Rio de Janeiro: Forense, 2001, p. 47.
312 THEODORO JÚNIOR, Humberto. *Curso de Direito Processual Civil, Vol. I.* 21ª edição. Rio de Janeiro: Forense, 1997, p. 369.

verifique a possibilidade de frustração do provimento judicial futuro da rescisória[313].

Em 04/12/2000, no Recurso Especial (RESP 263110/RS), cujo Relator foi o Ministro Edson Vidigal, em julgamento que se deu na Quinta Turma do STJ, também com decisão unânime, pode-se ler:

> *Ementa. PROCESSUAL CIVIL. AÇÃO RESCISÓRIA. TUTELA ANTECIPADA. POSSIBILIDADE JURÍDICA. AUSÊNCIA DOS REQUISITOS ESSENCIAIS. INDEFERIMENTO.*
> *1. É cabível, excepcionalmente, a antecipação dos efeitos da tutela na ação rescisória, para suspender a exeqüibilidade da decisão atacada, desde que presentes a verossimilhança da alegação e a possibilidade de frustração do provimento definitivo na rescisória*[314].

Nas razões de seu voto, o Ministro Edson Vidigal afirma que o mandamento contido no art. 489 do CPC expressa a regra de que deve, em princípio, prevalecer a coisa julgada. Admite, todavia, que existe a possibilidade extraordinária de concessão da tutela antecipada na ação rescisória, pois esta consiste em uma nova lide, com finalidade legal e constitucional de cassação da sentença viciada. Defende, inclusive, que, estando o *fumus boni juris* e o *periculum in mora* presentes, em virtude de atual ou iminente execução do julgado rescindendo, seria legítima a utilização de uma ação de natureza acautelatória. Caberia, assim, tanto o pe-

---

[313] Obtido na Internet, na página do STJ: , jurisprudência do STJ, acessado em 10/12/2002.
[314] Extraído da Internet, da página do STJ: , jurisprudência do STJ, acessado em 12/12/2002.

dido de antecipação de tutela, quanto a propositura de uma ação cautelar incidental[315].

No ano de 2001 (em 22 de outubro), tem-se o Recurso Especial (RESP 127342/PB), em que foi Relator o Ministro Barros Monteiro. O julgamento se deu na Quarta Turma do STJ, cuja decisão foi unânime, *in verbis*:

> *Ementa. TUTELA ANTECIPADA. AÇÃO RESCISÓRIA. ADMISSIBILIDADE.*
> *- É admissível, em tese, a antecipação da tutela na ação rescisória. Recurso especial não conhecido*[316].

O Ministro Barros Monteiro, na motivação de seu voto, é enfático ao dizer que, tanto na doutrina quanto na jurisprudência, vem prevalecendo o entendimento da admissibilidade da antecipação da tutela em ação rescisória. Citando Rosalina Pinto da Costa Rodrigues Pereira, argumenta que o art. 489 do CPC não é obstáculo intransponível à antecipação da tutela. O preceito trata, apenas, da pendência do processo rescisório. Vale dizer, para o dispositivo em questão, a mera instauração do processo rescisório não impede que o julgado que se quer rescindir produza os efeitos que lhe são próprios. Não se cogita da vigência de outro provimento judicial que antecipe (por completo ou parcialmente) a eficácia de uma decisão de procedência da ação rescisória. Menciona, também, que no XI Encontro dos Tribunais de Alçada realizado em São Paulo, nos dias 29 e 30 de agosto de 1997, firmou-se a conclusão de que é

---

315 RECURSO ESPECIAL nº 263.110 — Rio Grande do Sul, 5ª Turma do STJ, Voto do Exmo. Sr. Ministro Edson Vidigal, extraído do inteiro teor da decisão, na Internet, página , acessado em 13/01/2003.
316 Extraído da Internet, na página do STJ: , jurisprudência do STJ, acessado em 13/01/2003.

cabível a concessão de tutela antecipada na ação rescisória, com vistas à suspensão dos efeitos práticos da sentença rescindenda[317].

Em outra decisão da Ministra Nancy Andrighi (como Relatora do Recurso Especial RESP 351766/SP, em 26/08/2002, cujo Órgão Julgador foi a Terceira Turma do STJ, com decisão unânime), sustentou-se a fungibilidade entre a antecipação da tutela e o provimento cautelar em ação rescisória:

> *Ementa. PROCESSUAL CIVIL. AÇÃO RESCISÓRIA. TUTELA ANTECIPATÓRIA PARA CONFERIR EFEITO SUSPENSIVO À SENTENÇA RESCINDEN-DA. CABIMENTO. FUNGIBILIDADE DAS MEDI-DAS URGENTES. FUMUS BONI IURIS. INOCOR-RÊNCIA. VIOLAÇÃO A LITERAL DISPOSIÇÃO DE LEI. INTERPRETAÇÃO CONTROVERTIDA NOS TRIBUNAIS.*
> *- Cabe medida cautelar em ação rescisória para atribuição de efeito suspensivo à sentença rescindenda.*
> *- Se o autor, a título de antecipação de tutela, requer providência de natureza cautelar, pode o juiz, presentes os respectivos pressupostos, deferir a medida cautelar em caráter incidental no processo ajuizado, em atendimento ao princípio da economia processual*[318].

Nossa posição é no sentido de ser admissível o emprego de ação rescisória para impugnar a coisa julgada inconstitu-

---

317 RECURSO ESPECIAL nº 127.342 — Paraíba, 4ª Turma do STJ, voto do Ministro Relator Barros Monteiro, extraído do inteiro teor da decisão, na Internet, página , acessado em 13/01/2003.

318 Extraído da Internet, na página do STJ: , jurisprudência do STJ, acessado em 13/01/2003.

cional, com fulcro no art. 485, V do CPC. Some-se a isto a possibilidade do manejo da tutela antecipada para obtenção de maior celeridade no resultado desta demanda, diante do fato de que a prova da alegação autoral, no sentido de que a sentença transitada em julgado fere a ordem constitucional, é inequívoca (já que a decisão proferida pelo STF em controle abstrato comporta somente um sentido) e verossímil (a juntada de acórdão do STF demonstra a violação à Constituição, sendo vinculante tal pronunciamento). Ademais, a execução iminente ou já em curso faz com que esteja presente também o pressuposto do art. 273, I do CPC (fundado receio de dano irreparável ou de difícil reparação), não havendo o perigo da irreversibilidade do provimento a impedir sua concessão, nos termos do art. 273, § 2º do CPC.

20.6. Prazo

Volta-se para outro ponto: é possível o manejo da ação rescisória, fundamentada no art. 485, V do CPC, fora do prazo decadencial de dois anos (art. 495 do CPC)? Os processualistas brasileiros entendem, em regra, que, uma vez consumada a decadência, a autoridade da coisa julgada fica imune a posteriores ataques. A decisão se tornaria irrescindível, perdendo toda a relevância o vício de que se achava eivada[319].

Como se disse anteriormente, a nossa proposta é a de realizar uma filtragem constitucional na ação rescisória. Seguindo este raciocínio, José Maria Tesheiner, ao lucubrar sobre a desigualdade resultante de sentenças transitadas

---

319 BARBOSA MOREIRA, José Carlos. *Comentários ao Código de Processo Civil cit.*, p. 223.

em julgado para servidores públicos em situações semelhantes, chama atenção para o seguinte fato:

> *Se a jurisprudência vem a se fixar em sentido favorável à Administração, esta poderá, quando muito, obter a rescisão das sentenças em que foi vencida, propondo ação rescisória, no prazo de dois anos contados do trânsito em julgado de cada decisão. Como, via de regra, a jurisprudência leva mais de dois anos para se fixar em determinado sentido, haverá servidores que, por força de sentença errada (segundo essa mesma jurisprudência), receberão vantagem indevida, por tempo indeterminado e em flagrante quebra do princípio da isonomia*[320].

Ora, em casos como os de inconstitucionalidade, p. ex., atentatórios ao princípio da isonomia, o correto é fazer-se uma interpretação conforme a Constituição do instituto processual em questão, para que, filtrando-se a norma do art. 495 do CPC, seja permitida a proposição da ação rescisória em prazo maior do que o de 2 anos. Humberto Theodoro Júnior diz que a admissibilidade da ação rescisória para a impugnação da coisa julgada inconstitucional não deve obedecer a regime jurídico idêntico ao da coisa julgada ilegal, donde seria possível a propositura da ação após os 2 anos[321].

Justifica este autor que não se deve aceitar a objeção de que a dispensa dos prazos decadenciais e prescricionais poderia comprometer o princípio da segurança e a estabilidade das relações sociais. Para contornar o inconveniente

---

320 TESHEINER, José Maria. *Op. cit.*, p. 192.
321 THEODORO JÚNIOR, Humberto. "A Coisa Julgada Inconstitucional" in *Revista Ibero-Americana de Direito Público cit.*, p. 90.

em questão, nos casos em que se manifeste relevante o interesse na preservação da segurança, sugere Humberto Theodoro Júnior que se recorra ao princípio constitucional da razoabilidade[322] (o que nos parece razoável).

---

322 THEODORO JÚNIOR, Humberto. O*p. cit.*, pp. 160-161.

21. OS EMBARGOS À EXECUÇÃO

21.1. Origem

Na Roma antiga, cujo sistema era o da *ordo iudiciorum privatorum*, a ação executiva realizava-se pela *actio iudicati*. O credor tinha direito (conferido através de uma sentença) à sua propositura. Ao vencedor do processo, portanto, não era deferido o poder de satisfazer-se, direta ou indiretamente, sobre a pessoa devedora ou sobre seu patrimônio. Havia, unicamente, o direito de reivindicar judicialmente seu crédito perante o magistrado. O devedor, por sua vez, podia contestar a pretensão do credor. Diante da falta desta contestação (atestada e assim declarada pelo magistrado), dava-se a autorização ao credor para a prática dos atos de satisfação do seu crédito[323].

Com a transformação da república romana em monarquia absoluta, as formas da *cognitio extra ordinem*, que já existiam para determinadas espécies de processos, foram estendidas, aos poucos, a todas as matérias contenciosas até se tornarem o meio ordinário de se litigar, substituindo integralmente a *ordo iudiciorum*. A principal característica

---

323 LIEBMAN, Enrico Tullio. *Embargos do Executado (Oposições de Mérito no Processo de Execução)*. Campinas: M.E., 2000, p. 24.

desta época foi a publicização do processo, que passou a ser conduzido até o seu final por um magistrado (que, pessoalmente, proferia a sentença ou delegava o seu pronunciamento a um funcionário).

Apesar disto, o efeito da sentença condenatória continuava sendo o de criar entre as partes um novo vínculo obrigatório. Ainda era necessária a *actio iudicati* para a obtenção da execução deste tipo de decisão judicial[324]. Ao devedor era dada a possibilidade de contrariedade à execução com fundamento em razões relativas à existência ou à extinção do direito do credor. Havia, também, um remédio autônomo para as nulidades, cabível fora dos casos de *actio iudicati*[325].

Na opinião de Liebman, apesar da transformação do objeto da *actio* na última época do processo romano, permaneceu o princípio de que a sentença de condenação representava apenas o primeiro passo na marcha em direção à realização do direito da parte. A sentença declarava a existência de uma obrigação, sem que isto garantisse o ato de execução.

Note-se que os romanos excluíam qualquer via para a alegação de um direito que não através de um processo regular. Antes do cumprimento da obrigação contida na decisão judicial por meio de atos coativos, era necessário eliminar-se qualquer dúvida sobre o direito executado, realizando-se nova verificação de todas as questões. Tal certeza só se podia conseguir através de uma nova ação[326].

No direito germânico antigo, surgiram limites ao exercício incondicional da penhora dos bens do devedor através

---

324 LIEBMAN, Enrico Tullio. *Op. cit.*, pp. 31-33.
325 Idem, *op. cit.*, p. 35.
326 Idem, *op. cit.*, pp. 41-42.

de leis que prescreviam a necessidade de prévia autorização do juiz. A partir daí, o credor passava a executar todos os atos sucessivos. A penhora, assim, era puramente privada. O problema é que tal autorização era dada sem a verificação da existência da dívida, baseada, simplesmente, na afirmação regular do credor de existência da mesma. Não era necessário provar. Este poder conferido ao credor podia, todavia, trazer-lhe prejuízos. Quem dele se valesse ilegitimamente estava exposto ao protesto da outra parte, sujeitando-se a uma pena igual ou maior do que aquela que injustamente queria aplicar ao adversário[327]. Ademais, o decreto sobre o qual o credor executava o devedor não era uma sentença, fazendo com que a causa da penhora fosse sempre a dívida afirmada (e não um ato do juiz).

Nos casos em que corria um verdadeiro processo diante de uma autoridade judicial, obtinha-se, ao final, uma sentença. Mas esta não tinha eficácia direta (não possuía o que hoje se chama de "eficácia executiva"). Por seu meio era, apenas, imposto formalmente a uma das partes o exercício de determinada atividade. Caso o perdedor não obedecesse àquela determinação, o rei o punia pela desobediência, já que uma execução no sentido rigoroso da palavra só seria possível com o fundamento em uma dívida voluntariamente contraída[328].

Analisando a função processual desenvolvida pelos embargos no direito brasileiro, é possível afirmar sua origem no direito lusitano. Os embargos eram figura desconhecida dos direitos romano, germânico e canônico. Nas Ordenações Filipinas, por exemplo, os embargos à execução estavam disciplinados no Livro III, Título LXXXVII e eram

---

327 Idem, *op. cit.*, pp. 47-48.
328 Idem, *op. cit.*, pp. 48-49.

oponíveis nos seis dias seguintes à penhora, em autos apartados, admitindo-se contrariedade e processando-se por rito sumário.

O Regulamento nº 737, de 1850, nos arts. 575 a 595, dispôs sobre os embargos do executado. Os códigos estaduais e o Código de Processo Civil de 1939 mantiveram a oposição do devedor à execução através de embargos. O Código de Processo Civil de 1973 não modificou tal orientação, abrindo um capítulo para os embargos do devedor[329].

21.2. Natureza Jurídica e Procedimento

A doutrina processual entende que os embargos são uma ação incidental, que se volta contra a atividade executória do credor. É requisito indispensável à sua propositura uma ação de execução em andamento. Os embargos têm o escopo de encerrar, de modo definitivo, a ação executória ou de protelar sua tramitação.

Em qualquer das duas hipóteses, segundo Celso Neves, a sentença terá sempre natureza declaratória[330]. Moacyr Amaral Santos não concorda com este posicionamento, afirmando que os embargos se destinam à desconstituição da relação processual executiva ou da eficácia do título executivo[331]. Esta última posição parece-nos a melhor, pois os embargos têm como finalidade a retirada da eficácia executiva do título. Como menciona Alexandre Câmara,

---

329 NEVES, Celso. *Comentários ao Código de Processo Civil, Vol. VII cit.*, pp. 172-175.

330 NEVES, Celso. *Op. cit.*, p. 175.

331 SANTOS, Moacyr Amaral. *Primeiras Linhas de Direito Processual Civil, Vol. 3*. 17ª edição, revista e atualizada por Aricê Moacyr Amaral Santos. São Paulo: Saraiva, 1998, p. 401.

"(...) num primeiro momento lógico da sentença, declarar-se-á a existência do direito à retirada da eficácia executiva do título que está à base da execução (...); e num segundo momento lógico, retira-se a eficácia executiva do título, o que levará à extinção da execução"[332].

O devedor impugna a execução, mas não propriamente se defende. Na verdade, implementa um contra-ataque com o objetivo de retirar a eficácia do título executivo do credor, desfazendo, assim, toda atividade executiva que já tiver iniciado ou reduzindo-a a proporções justas. O processo que se forma com os embargos, de natureza cognitiva, tem a inversão da posição das partes: o autor (réu na execução) é o embargante e o réu (autor na execução) é o embargado. Aplicam-se ao embargado, *v. g.*, todas as disposições relativas ao réu do processo ordinário. Tal quadro é importante, especialmente, no que diz respeito ao ônus da prova (que é do embargante)[333].

Deve o executado, ao propor os embargos, preencher as condições genéricas para o legítimo exercício do direito de qualquer ação (legitimidade das partes, interesse de agir e possibilidade jurídica do pedido). Além destas, são previstas pela lei processual condições específicas: o juízo deve estar seguro (salvo na obrigação de fazer e não fazer com fulcro no art. 461 do CPC) pela penhora (exceto se a executada for a Fazenda Pública) na execução por quantia certa ou pelo depósito na execução para a entrega de coisa certa constante de título executivo extrajudicial (nos termos do art. 737 do CPC).

---

[332] CÂMARA, Alexandre Freitas. *Lições de Direito Processual Civil*, Vol. II. 3ª edição, revista atualizada e aumentada. Rio de Janeiro: Lumen Juris, 2000, p. 334.

[333] BARBOSA MOREIRA, José Carlos. *O Novo Processo Civil Brasileiro*. 17ª edição, revista e atualizada. Rio de Janeiro: Forense, 1995, p. 342.

O prazo para os embargos é de dez dias, conforme o disposto no art. 738 do CPC (a Fazenda Pública é, novamente, exceção, tendo prazo de 30 dias, de acordo com a Lei 9494/97, art. 1º-B, com a redação que lhe foi dada pela Medida Provisória nº 2.180, de 24/08/2001). O juízo competente para esta ação incidental será o mesmo onde corre o processo executivo, consoante o art. 736 do CPC[334].

21.3. Inexigibilidade do Título Executivo Judicial

Para os fins deste estudo, interessa-nos focalizar os embargos à execução fundada em sentença (Título III, Capítulo II, arts. 741 e seguintes do CPC), pois é aí que se revela a coisa julgada inconstitucional. A decisão judicial transitada em julgado forma o título executivo judicial, que autoriza o ingresso do credor nas vias executivas, sem necessidade de demonstração de subsistência do direito ali corporificado (o que se pressupõe feito no prévio processo de conhecimento).

Barbosa Moreira ensina que só se pode alegar em embargos à execução matéria nova, existindo uma única exceção: o art. 741, I do CPC (falta ou nulidade da citação para o processo de conhecimento)[335]. A inserção da coisa julgada inconstitucional no rol das matérias a ensejarem os embargos à execução (art. 741, parágrafo único do CPC) não altera este princípio. Se a decisão do STF com efeitos vinculantes surge antes do término do processo de conhecimento, será aplicada de imediato[336], nos termos do art. 28,

---

334 BARBOSA MOREIRA, José Carlos. *Op. cit.*, pp. 343-344.
335 BARBOSA MOREIRA, José Carlos. *Op. cit.*, p. 346.
336 Conforme já esclarecemos na 3ª Parte desta monografia, item 18 (Nossa Posição).

parágrafo único da Lei 9869/99 e art. 462 do CPC. Caso o julgamento se dê após o trânsito em julgado da sentença, a matéria a ensejar os embargos é considerada fato superveniente.

O atual art. 10 da Medida Provisória nº 2.180, de 24/08/2001, introduziu o seguinte texto no art. 741, parágrafo único do CPC: "Para efeito do disposto no inciso II deste artigo, considera-se também inexigível o título judicial fundado em lei ou ato normativo declarados inconstitucionais pelo Supremo Tribunal Federal ou em aplicação ou interpretação tidas por incompatíveis com a Constituição Federal". A coisa julgada inconstitucional é, portanto, uma nova causa de inexigibilidade do título executivo judicial.

Antes desta possibilidade processual, o STF entendia que, mesmo diante da declaração de inconstitucionalidade de uma norma sobre a qual se fundava determinada sentença, somente seria possível ao vencido desconstituir o julgado através de ação rescisória[337]. No Recurso Extraordinário (RE nº 86.056-SP), julgado em 31/05/1977, cujo Relator foi o Min. Rodrigues Alckmin, a 1ª Turma do STF rejeitou a propositura de embargos à execução fundada em sentença firmada sobre norma posteriormente declarada inconstitucional. Reiterando tal posição, na Reclamação nº 148-RS, julgada em 12/05/1983, cujo Relator foi o Min. Moreira Alves, o Pleno do STF entendeu que a decisão no controle de constitucionalidade não era eficaz perante a execução lastreada em título executivo judicial confeccionado em tais condições[338].

---

[337] ASSIS, Araken de. "Eficácia da Coisa Julgada Inconstitucional" *in Revista Jurídica, nº 301.* Porto Alegre: Notadez, ano 50, novembro de 2002, p. 21.

[338] Acórdãos obtidos na Internet, página do STF: www.stf.gov.br, jurisprudência do STF, acessado em 20/12/2002.

A inspiração dos embargos desconstitutivos da eficácia da coisa julgada inconstitucional é de origem alemã. O § 79 da Lei do Tribunal Constitucional Federal alemão (*Bundesverfassungsgericht*) dispõe que, embora permaneçam íntegros os provimentos judiciais baseados em norma inconstitucional, sua execução é inadmissível, aplicando-se o § 767 da ZPO (que autoriza a oposição do executado com base em exceções supervenientes ao trânsito em julgado)[339].

O art. 741, parágrafo único do CPC faz expressa remissão ao inciso II (inexigibilidade do título executivo judicial) do mesmo dispositivo. Daí se conclui que a força da coisa julgada é desfeita retroativamente, apagando-se o efeito executivo da condenação e restando inadmissível o processo de execução.

Araken de Assis ensina que, com o advento da regra que introduziu o novo parágrafo único ao art. 741 do CPC, a eficácia de coisa julgada do título judicial se tornou *sub conditione*. Segundo o autor, "pode-se dizer, então, que toda sentença assumirá uma transparência eventual, sempre passível de ataque via embargos. (...) Pronunciada a inconstitucionalidade da lei ou do ato normativo em que se baseou o pronunciamento judicial, desaparecerá a eficácia do art. 467"[340].

A supracitada norma do art. 10, MP 2.180/2001, em nossa opinião, não é materialmente inconstitucional. Como, juntamente com importantes autores[341], entendemos que a coisa julgada é estabelecida por ato normativo infraconstitucional (não tem berço constitucional), poderá ceder diante de eventos contemporâneos ou supervenien-

---

339 ASSIS, Araken de. *Op. cit.*, p. 21.
340 Idem.
341 Alguns já citados na parte supra sobre a coisa julgada inconstitucional propriamente dita.

tes à decisão judicial que a originou (se assim determinar uma norma posterior de mesma hierarquia).

Pode, contudo, haver dúvida quanto à inconstitucionalidade formal. O STF, no julgamento de ação direta de inconstitucionalidade (ADI nº 1.753/DF) referente à Medida Provisória nº 1.577-6 (relativa ao tema da ação rescisória, de 2 de outubro de 1997), considerou que tal norma não respeitava o requisito constitucional da urgência (art. 62, *caput* da CF), pois não poderia atingir as decisões já transitadas em julgado[342].

A questão da coisa julgada inconstitucional revela uma violação grave e permanente da Lei Máxima. Desta forma entendemos que há relevância e urgência na edição da medida provisória. Garantem-se, por meio desse ato normativo, a segurança jurídica e a incolumidade da Carta Política o mais rápido possível (afirmando-se sua superioridade diante dos atos emanados por quaisquer Poderes).

A urgência pode, também, ser demonstrada de forma pragmática. Imagine-se que existam milhares de ações sobre um mesmo tema propostas na Justiça Federal. Transitam em julgado com conteúdo contrário à Constituição. Caso não se desconstituam os efeitos destas inúmeras coisas julgadas inconstitucionais, pessoas estarão, ainda que de boa-fé, percebendo um numerário indevido. Como, geralmente, estas verbas têm cunho alimentar, o ente público, provavelmente, não conseguirá reavê-las. Há urgência em que tais decisões percam sua eficácia, sob pena de grande prejuízo ao erário.

---

[342] BORBA, Gustavo Tavares. "Embargos Desconstitutivos, Estudo Sobre Sua Constitucionalidade", *in Revista de Direito da Procuradoria Geral do Estado do Rio de Janeiro, nº 54.* Rio de Janeiro: CEJUR, 2001, p. 86.

Cumpre atentar, igualmente, para o fato de que não há que se argumentar com a nova vedação material às medidas provisórias referente à regulamentação do direito processual civil (art. 62, § 1º, I, "b" da CF com a redação dada pela EC 32/2001). Afinal, a MP nº 2.180 veio a lume antes deste empecilho.

Os embargos desconstitutivos dos efeitos da coisa julgada inconstitucional aplicam-se tanto aos provimentos transitados em julgado (casos de execução definitiva, nos termos do art. 587, 1ª parte do CPC), quanto aos casos de execução provisória (art. 587, 2ª parte do CPC) que, pelo regime do art. 588 do CPC, pode ser completa e satisfazer o crédito do exequente[343].

Observe-se que, em se tratando de créditos de servidores em face da Fazenda Pública, não é admissível a execução provisória, *ex vi* do disposto art. 2º-B da Lei 9494/97 (com a redação determinada pela Medida Provisória 2.180, *in verbis*: "A sentença que tenha por objeto a liberação de recurso, inclusão em folha de pagamento, reclassificação, equiparação, concessão de aumento ou extensão de vantagens a servidores da União, dos Estados, do Distrito Federal e dos Municípios, inclusive de suas autarquias e fundações, somente poderá ser executada após seu trânsito em julgado"). Aliás, reforça este posicionamento o art. 100, § 1º da CF, ao dispor que "é obrigatória a inclusão, no orçamento das entidades de direito público, de verba necessária ao pagamento de seus débitos oriundos de sentenças transitadas em julgado (...)".

Como já explicamos em capítulo anterior[344], é diante de decisão proferida em controle abstrato de constitucio-

---

343 ASSIS, Araken de. *Op. cit.*, p. 24.
344 Vide capítulo 18, Nossa Posição.

nalidade que se revela a possibilidade de manejo dos embargos à execução. Rejeitamos a possibilidade de manejo dos embargos à execução com base em decisão do STF em controle difuso de constitucionalidade. A norma processual contida no art. 741, parágrafo único do CPC revela a preocupação do legislador com a higidez do sistema jurídico (além da segurança e certeza jurídicas). Estas finalidades não seriam respeitadas com a oposição dos embargos baseados em decisão do Pretório Excelso que não tem o condão de extirpar a norma do ordenamento jurídico. Exceção ocorreria com a aplicação do art. 52, X da CF (quando o Senado Federal retira a norma declarada inconstitucional pelo STF do ordenamento jurídico), hipótese em que entendemos válida a oposição dos embargos[345].

Veja-se que a liminar concedida em ação direta de inconstitucionalidade não tem aptidão para legitimar os embargos desconstitutivos, por não ser provimento que, em regra, opera com eficácia *ex tunc* (art. 11, § 1º da Lei 9868/99). Sobre isto, o escólio de Araken de Assis:

Não bastará, para tal fim, a concessão de liminar nas ações diretas. Os efeitos do provimento antecipatório são "ex nunc" e, embora perca a norma sua vigência — evento que as instâncias ordinárias recepcionarão na forma do art. 462 do CPC —, subsistirá a coisa julgada anterior e a força executiva do respectivo título. De acordo com ZENO VELOSO, "concedida a liminar, fica suspensa a vigência da norma impugnada, mas de forma provisória, não definitiva, e sem retroatividade. Não há prejuízo, portanto, das relações jurídicas ante-

---
[345] No mesmo sentido, WAMBIER, Teresa Arruda Alvim e MEDINA, José Miguel Garcia. *Op. cit.*, p. 75.

riores ou dos atos que se aperfeiçoaram durante a vigência do preceito impugnado"[346].

O art. 27 da Lei 9868/99, como já explicitamos[347], tem o intuito de preservar os atos jurídicos perfeitos anteriores à decisão em controle abstrato do STF. Desta forma, a sentença de conteúdo inconstitucional já transitada em julgado (anterior à data daquela decisão) permanecerá incólume. Serão incabíveis os embargos aqui. Igualmente, se o STF fixar uma determinada data para que seu julgamento tenha eficácia, retirando o ato normativo inconstitucional do ordenamento jurídico, todas as coisas julgadas inconstitucionais anteriores a este dia subsistirão.

Cumpre aduzir que os embargos desconstitutivos levam vantagem de ordem prática sobre a *querela nullitatis* como instrumento hábil a impugnar a *res judicata* inconstitucional. É que os embargos suspendem o curso da execução, nos termos dos arts. 739, § 1º, c/c 791, I, ambos do CPC. Já a ação declaratória de nulidade suspenderá a execução se houver a propositura de uma ação cautelar incidental com este fim específico.

---

346 Idem.
347 Ver capítulo 18, Nossa Posição.

22. O MANDADO DE SEGURANÇA

O mandado de segurança é o remédio constitucional que pode ser manejado tanto por pessoas físicas quanto jurídicas, ou mesmo órgãos públicos com capacidade processual e universalidades reconhecidas por lei, para proteger direito líquido e certo, individual ou coletivo, não amparado por *habeas data* ou *habeas corpus*, ameaçado de lesão ou lesado por ato de autoridade, nos termos do art. 5º, LXIX e LXX da CF, c/c art. 1º da Lei 1533/51[348].

22.1. Origem

O mandado de segurança brasileiro inspirou-se, basicamente, em instrumentos processuais produzidos por dois países: os Estados Unidos da América e o México. Baseou-se nos meios de defesa utilizados pelos particulares contra a Administração, desenvolvidos pelo direito público norte-americano (provenientes dos *writs* ingleses) como, por exemplo, *injunctions*, *mandamus*, *prohibition*, *quo warranto* e *certiorari*, de elaboração jurisprudencial do *common*

---

348 MEIRELLES, Hely Lopes. *Mandado de Segurança, Ação Popular, Ação Civil Pública, Mandado de Injunção, "Habeas Data"*. 16ª edição, atualizada por Arnold Wald. São Paulo: Malheiros, 1995, p. 17 e 18.

law. Valeu-se, ainda, da experiência do *juicio de amparo*, instrumento processual introduzido pela Constituição do Estado de Yucatán (em 1840) e repetido nas Constituições mexicanas de 1857 e de 1917[349].

Espelhando-se na doutrina estrangeira, houve, com inovações, uma elaboração nacional própria que foi chamada de "teoria brasileira do *habeas corpus*", decorrente dos esforços de advogados (cujo maior destaque foi Rui Barbosa), sob a vigência da Carta Política de 1891[350]. Inexistia no país um equivalente àquele remédio na área cível. Os causídicos, diante da lacuna da legislação, sustentavam perante os tribunais o cabimento do *habeas corpus* para a prevenção ou reparação de constrangimentos praticados com abuso de autoridade, causadores de lesão a direito líquido e certo. Os tribunais ora acolhiam tal pedido, ora não o admitiam, rechaçando esta interpretação para o mencionado instrumento. Daí a reclamação do meio jurídico para a criação de um novo instrumento processual com a capacidade de reintegrar imediatamente um direito violado[351].

Na época, o STF firmou entendimento no sentido de que era possível a concessão do *habeas corpus* em favor de qualquer direito lesado, desde que tivesse como pressuposto a liberdade de locomoção. Além disto, o direito deveria ter a qualidade de "incontestável", ou seja, não poderia pairar sobre ele dúvida razoável[352].

Alberto Tôrres elaborou um remédio com a finalidade desejada pelos operadores do Direito, chamando-o de

---

349 MOREIRA NETO, Diogo de Figueiredo. *Curso de Direito Administrativo*, cit., p. 593.
350 MOREIRA NETO, Diogo de Figueiredo. *Op. cit.*, p. 594.
351 ROSA, Antonio José Miguel Feu. *Direito Constitucional*. 2a edição atualizada. São Paulo: Saraiva, 1999, p. 486.
352 FERREIRA FILHO, Manoel Gonçalves. *Curso de Direito Constitucional*. 27ª edição atualizada. São Paulo: Saraiva, 2001, p. 333.

"mandado de garantia". No Congresso Jurídico de 1922, Edmundo Muniz Barreto renovou o mesmo pensamento[353].

No ano de 1926, segundo André Ramos Tavares, "(...) com a reforma constitucional, o *habeas corpus* teve seus traços mais bem delimitados, tornando-se impossível manter a já conhecida teoria que lhe alargou os contornos, na falta de outro remédio constitucional para a defesa dos demais direitos"[354]. Neste mesmo ano, Gudesteu Pires apresentou um projeto de lei criando o "mandado de proteção ou de restauração".

Tal ação tinha por objeto a proteção de direito pessoal, líquido e certo, fundado na Constituição ou em lei federal, contra atos lesivos de autoridades administrativas. Uma vez provada a ameaça, o juiz deveria expedir um "mandado de proteção". Por sua vez, comprovada a prática de ato lesivo ao direito do particular, o magistrado deveria expedir um "mandado de restauração". O prazo para propositura desta ação era de seis meses, contados da data da intimação ou da publicação do ato objeto do litígio. Este projeto não vingou já que, dentre outros motivos, havia parlamentares que entendiam que aos direitos pessoais bastava a aplicação dos interditos possessórios[355].

Em 1933, na Assembléia Constituinte que discutia a elaboração da Constituição de 1934, João Mangabeira apresentou um anteprojeto de criação do instrumento chamado de "mandado de segurança", para a tutela de direito

---

353 FERREIRA, Pinto. *Curso de Direito Constitucional*. 10ª edição, ampliada e atualizada. São Paulo: Saraiva, 1999, p. 145.
354 TAVARES, André Ramos. *Curso de Direito Constitucional*. São Paulo: Saraiva, 2002, p. 614
355 LEYSER, Maria Fátima Vaquero Ramalho. *Mandado de Segurança, Individual e Coletivo*. São Paulo: WVC, 2002, pp. 40-41

individual[356]. A proposta prosperou e deu ensejo ao artigo 113, n. 33 da Carta de 1934, cujo objetivo era a defesa de direito certo e incontestável, ameaçado ou violado por ato manifestamente inconstitucional ou ilegal de qualquer autoridade.

Em 1936, surgiu a Lei nº 191, de 16 de janeiro, a regular o *mandamus*. A Constituição de 1937 não previu o *writ*, que, contudo, continuou a ser aplicado por força da citada lei e, posteriormente, do Código de Processo Civil de 1939 (arts. 319 a 331). O âmbito de incidência do mandado de segurança, todavia, foi restringido. O Decreto-Lei nº 6, de 16 de novembro de 1937, vedava a utilização do mandado de segurança contra atos praticados pelo Presidente da República, Ministros de Estado, Governadores e Interventores. Também era incabível o instrumento contra o Prefeito do Distrito Federal, a teor do Decreto-Lei nº 96, de 22 de dezembro de 1937[357].

Com o advento da Constituição de 1946, o mandado de segurança voltou a ter *status* constitucional (art. 141, § 24). Sob a sua égide, foi publicada a Lei 1533, de 31 de dezembro de 1951, que rege o instituto até os dias de hoje (juntamente com as Leis 4348/64 e 5021/66, as normas mais importantes sobre o assunto). A Carta da República de 1967 não modificou substancialmente o enunciado contido na ordem anterior, dando-lhe uma redação mais clara e objetiva (tendo sido acrescentado o adjetivo "direito individual"). A Emenda nº 1/69 restaurou a redação da Carta Política de 1946. A Lei Fundamental de 1988 trouxe uma redação mais ampla ao instituto, acrescentando, ainda, a figura do mandado de segurança coletivo (art. 5º, LXIX e LXX).

---

356 FERREIRA, Pinto. *Op. cit.*, p. 145.
357 LEYSER, Maria Fátima Vaquero Ramalho. *Op. cit.*, pp. 42-43

22.2. Natureza Jurídica e Requisitos

A doutrina, em sua unanimidade, afirma ser o mandado de segurança uma ação. A natureza desta ação, porém, não é ponto pacífico. Hely Lopes Meirelles entende que se trata de uma ação civil de rito sumário especial[358]. Segundo Alfredo Buzaid, seria uma ação de conhecimento[359]. Para Othon Sidou, um interdito[360]. Maria Fátima Leyser[361] diz que se trata de uma ação mandamental. Parece-nos mais acertada a posição de que o *writ* é, em regra, uma ação mandamental, já que sua sentença determina à autoridade coatora a prática ou abstenção de ato jurídico, podendo, em alguns casos, assumir as feições de ação condenatória ou constitutiva. A este propósito, o escólio de Sérgio Ferraz:

Assim, a sentença poderá ser condenatória (como se depreende, por exemplo, do art. 5º da Lei 4348, de 26.6.64), constitutiva (na maior parte das vezes) e mesmo executória (v.g., § 3º, do art. 1º, da Lei 5021, de 9.6.66). Em todos esses casos, ela ainda será, em maior ou menor grau (mas nunca com exclusividade, à vista da própria dicção da previsão constitucional), declaratória. Cumpre ponderar que não se trata, salvo as exceções já antes focalizadas, de uma carga declaratória aberta, de cunho normativo, invocável como regra regedora para situações administrativas análogas: a força declaratória dirige-se unicamente ao ato coator já praticado, atingindo, no máximo, outros idênticos, já em

---

358 MEIRELLES, Hely Lopes. *op. cit.*, p. 23.
359 *Apud* LEYSER, Maria Fátima Vaquero Ramalho. *Op. cit.*, p. 48.
360 Idem.
361 Idem.

vias de consumação. Nesses limites, a segurança poderá ter, a um só tempo, feição corretiva e preventiva. Acima de tudo, porém, a sentença no writ é mandamental[362].

A vantagem no manejo desta ação é a de se dispensar uma instrução demorada ao contender com a Administração Pública, pois confere, de imediato, a suspensão liminar do ato violador de seu direito líquido e certo. Vale dizer, trata-se de instrumento célere no trancamento da auto-executoriedade dos atos administrativos, através da ausência de uma fase probatória no curso do processo[363].

O *writ* tem requisitos constitucionais específicos. São eles: a) existência de direito líquido e certo a ser protegido, não tutelável por *habeas corpus* ou *habeas data* e; b) ato (comissivo ou omissivo) de autoridade pública ou agente de pessoa jurídica no exercício de atribuições do Poder Público, eivado de ilegalidade ou abuso de poder. Ambos os pressupostos constitucionais mencionados devem estar presentes para que seja deferido o pedido elaborado no *mandamus* (operam, portanto, cumulativamente).

Segundo Celso Barbi, o conceito de direito líquido e certo é processual, já que relativo ao modo de ser de um direito subjetivo no processo. A mera existência do direito não lhe qualifica como líquido e certo. Este só se revela quando os fatos em que se funda podem ser provados incontestavelmente dentro do processo (o que ocorre através da prova documental)[364].

---

362 FERRAZ, Sérgio. *Op. cit.*, p. 175.
363 ALVIM, José Manoel Arruda. "Mandado de Segurança" *in AJURIS*. Porto Alegre: Associação dos Juízes do Rio Grande do Sul, ano VIII, novembro de 1981, p. 37.
364 BARBI, Celso Agrícola. *Do Mandado de Segurança*. 4ª edição. Rio de Janeiro: Forense, 1984, p. 85.

Quando a Constituição menciona, no artigo 5º, LXIX, ilegalidade e abuso de poder, faz entender, segundo Michel Temer, que tanto os atos vinculados quanto os atos discricionários dos agentes públicos podem ser atacados via mandado de segurança. A ilegalidade se reporta ao ato vinculado, enquanto que o abuso de poder refere-se ao ato discricionário[365]. Já Maria Sylvia Di Pietro entende que a menção feita pela Constituição ao abuso de poder é desnecessária. Bastaria se dizer ilegalidade, já que o abuso de poder estaria compreendido naquele vocábulo. A autora define este requisito constitucional como sendo o vício do ato relativo ao sujeito, ao objeto, ao motivo, à finalidade e à forma[366].

22.3. Prazo

A Lei 1533/51 (art. 18) prevê um prazo para a impetração do mandado de segurança: 120 dias (a contar da ciência do ato lesivo). A doutrina majoritária considera tal prazo como sendo de decadência. A conseqüência disto é que ele não se suspende nem se interrompe. Para Pontes de Miranda, trata-se de prazo preclusivo de direito especial[367]. Não nos parece necessário, porém, recorrer-se aos conceitos de prescrição, decadência ou preclusão para classificar a natureza deste prazo.

---

365 TEMER, Michel. *Elementos de Direito Constitucional*. 13ª edição, revista e ampliada. São Paulo: Malheiros, 1997, p. 179.
366 DI PIETRO, Maria Sylvia. *Direito Administrativo*. 14ª edição. São Paulo: Atlas, 2002, p. 638.
367 BUZAID, Alfredo. "Do Prazo Para Impetrar Mandado de Segurança", *in Revista de Processo, nº 53*. São Paulo: Revista dos Tribunais, ano 14, jan/mar de 1989, p. 100.

Segundo Alfredo Buzaid, a distinção que faz a doutrina brasileira, no sentido de que a prescrição tem por objeto a ação e a decadência o próprio direito, não condiz com as tendências do direito moderno europeu. Nem, tampouco, com o sistema processual vigente no Brasil. Ao contrário do Código Civil brasileiro (1916), que mencionava de forma sistemática a prescrição da ação, outros diplomas, como, p. ex., o Código Civil da Itália, o da Alemanha, o da Áustria e o de Portugal, dizem que são os direitos que prescrevem[368]. Note-se que tal crítica é válida mesmo diante do novo Código Civil brasileiro (Lei 10.406, de 10 de janeiro de 2002), já que, em seu art. 189, está disposto que: "violado o direito, nasce para o titular a pretensão, a qual se extingue, pela prescrição, nos prazos a que aludem os arts. 205 e 206".

O legislador brasileiro decidiu adotar, no CPC, a teoria da ação como um direito público subjetivo dirigido ao Estado. Assim, a prescrição e a decadência atingem imediatamente o direito. É por esse motivo que o mesmo Digesto Processual inclui a sentença que acolhe a prescrição ou a decadência dentre aquelas que extinguem o feito com julgamento de mérito (art. 269, IV). A prescrição e a decadência agridem, na verdade, o direito invocado pela parte autora[369].

Tratar-se-ia, simplesmente, de um prazo extintivo, já que se tem um direito temporário que, com o decurso do prazo legal, extingue-se, sem prejuízo do direito material do lesado que, nos termos do art. 16 da mesma lei, poderá pleiteá-lo via ação própria. Se, dentro do prazo de 120 dias, o titular do direito lesado ou ameaçado permanecer inerte, não poderá mais socorrer-se do *writ*[370].

---

368 BUZAID, Alfredo. *Op. cit.*, p. 101.
369 BUZAID, Alfredo. *Op. cit.*, p. 101.
370 BUZAID, Alfredo. *Op. cit.*, pp. 100-101.

Alfredo Buzaid leciona que:

(...) O Congresso Nacional, ao elaborar a Lei 1.533/51, quis deliberadamente afastar a controvérsia sobre prescrição, decadência e preclusão e para isso empregou a fómula : "o direito de requerer mandado de segurança extinguir-se-á..." (art. 18). O prazo para impetrar mandado de segurança não é prazo preclusivo, porque ele não se verifica no curso do processo, tampouco é de prescrição ou decadência, porque não fere mortalmente o direito material, que remanesce imprejudiciado, podendo ser pleiteado por via ordinária. O prazo é extintivo de uma faculdade pelo seu não exercício dentro de 120 dias, contados da ciência do ato a ser impugnado[371].

Ocorre que a Constituição não menciona tal prazo para a impetração do mandado de segurança. Esta limitação ao manejo do remédio constitucional decorre de norma infraconstitucional. Surgem, então, autores que qualificam o citado prazo como inconstitucional. Neste sentido, Sérgio Ferraz entende que, quando a Constituição não contém um prazo para o exercício do direito nela inserido ou cumprimento de uma obrigação por ela imposta, fixar-se o prazo através de norma infraconstitucional é inadmissível. Isto significaria uma espécie de integração do texto constitucional incompatível com o caráter rígido da nossa Constituição[372]. Enfim, os diversos autores que se colocam nesta corrente entendem que, por ser o *mandamus* uma garantia constitucional, não pode ser obstado por uma norma infraconstitucional como o art. 18 da Lei 1533/51.

---

[371] BUZAID, Alfredo. *Op. cit.*, p. 103.
[372] FERRAZ, Sérgio. *Op. cit.*, p. 126.

Esta corrente não se firmou, tão-somente, entre os processualistas, sendo também a posição de publicistas como Ivo Dantas: "(...) o prazo fixado pela Lei 1533/51, para interposição do Mandado de Segurança, não foi recepcionado pelo novo sistema constitucional brasileiro, pelo que se encontra, automaticamente, revogado"[373].

A jurisprudência (inclusive o STF), todavia, entende, de forma uníssona, que o art. 18 da Lei 1533/51 é constitucional. O argumento é o de que o prazo (que, segundo o Judiciário, é decadencial) não gera a extinção do direito subjetivo eventualmente amparado pelo *mandamus* ou por outro meio ordinário junto ao Poder Judiciário. Quando se consuma a decadência do direito de impetrar o *writ*, não há a convalidação do ato impugnado e ele não se torna imune ao controle jurisdicional[374].

Tal posição não nos parece a que melhor condiz com a interpretação constitucional. Em nossa opinião, é inconstitucional o prazo da Lei 1533/51. A legislação infraconstitucional extingue o direito subjetivo ao manejo do *writ*. A lei ordinária fulmina uma garantia conferida pela Constituição.

Além disto, ao nosso ver, a regra exposta no artigo 5º, LXIX da CF, contém todos os elementos necessários à sua incidência imediata, não pedindo ou necessitando de um complemento legal para o seu exercício. Tanto é assim que, desde a Constituição de 1934, aplica-se o mandado de segurança, tendo surgido somente em 1936 uma lei para regulamentá-lo. Desta forma, a norma constitucional que prevê o citado remédio é de eficácia contida e aplicabilidade imediata. Não pode ser completamente afastada por uma norma infraconstitucional. Não se poderia retirar a

---

373 DANTAS, Ivo. *Op. cit.*, p. 603.
374 LEYSER, Maria Fátima Vaquero Ramalho. *Op. cit.*, p. 79.

possibilidade de impetração do *writ* pelo interessado sob o argumento de transcurso de tempo. Estaria, ao nosso sentir, fulminado o próprio direito subjetivo à garantia constitucional. Sobre o tema, vejam-se os seguintes trechos escritos por José Afonso da Silva:

> *(...) As normas constitucionais de eficácia contida, portanto, conferem situações jurídicas subjetivas de vantagem aos governados, de modo específico, e situações subjetivas de vínculo ou negativas aos agentes do Poder Público. Delas decorrem direitos subjetivos para os indivíduos. Mas o contrário também pode ocorrer, dadas certas circunstâncias previstas nas regras de contenção de eficácia dessas normas, como já vimos. Essas regras de contenção (lei reguladora do direito; conceitos gerais, como: ordem pública, bons costumes, segurança pública, defesa nacional etc.) formam situações jurídicas em favor dos Poderes Públicos.*
> *(...) Deve-se, apenas, acrescentar que as regras de contenção de eficácia daquelas normas não podem ir ao ponto de suprimir as situações subjetivas em favor dos governados. Essa contenção só pode atuar circunstancialmente, não de modo contínuo. Isso seria ditadura*[375].

Atente-se para o fato de que há grande interesse por parte do prejudicado no manejo deste instrumento, mesmo durante a fase de execução de um processo. Uma vez transcorrido o prazo para os embargos à execução, o *writ* se manifesta remédio rápido e urgente para a eliminação dos efeitos da coisa julgada inconstitucional. O operador do

---

375 SILVA, José Afonso. *Aplicabilidade das Normas Constitucionais*. 4ª edição revista e atualizada. São Paulo: Malheiros, 2000, pp. 171-173.

Direito poderá, inclusive, preferi-lo ante a possibilidade de proposição de *querela nullitatis*. Isto pelo seu rito veloz e a possibilidade de liminar *ab initio*.

22.4. Mandado de Segurança Contra Decisão Judicial

A coisa julgada é decorrente do trânsito em julgado da sentença de mérito, como já visto. Assim, não seria indispensável ao presente trabalho o exame da doutrina do mandado de segurança contra atos administrativos ou legislativos. O importante aqui é saber, em primeiro lugar, se é possível a impetração do *mandamus* contra ato jurisdicional e, após, verificar se o instrumento é cabível para desconstituir os efeitos da *res judicata* eivada do vício de inconstitucionalidade.

No sistema de freios e contrapesos adotado pela Carta da República de 1988 (art. 2º), fica patente a divisão de funções entre Executivo, Legislativo e Judiciário. Cada Poder tem uma função precípua, executando, também, parcela das funções dos demais. Assim, o Poder Judiciário também edita seus atos administrativos. Contra estes, não há controvérsias a respeito do cabimento de mandado de segurança. O questionamento situa-se no campo de seus atos típicos (atos jurisdicionais).

Num sistema de separação de Poderes como o nosso, onde se busca a contenção do poder, o mandado de segurança é o instrumento por excelência contra todo abuso. Desse modo, sua interpretação não pode ser literal ou restritiva. Uma vez em dúvida sobre o cabimento do *mandamus*, o intérprete, necessariamente, tem que optar pela possibilidade jurídica de impetração do *writ*. Note-se que o ideal do Direito não é a recomposição, mas sim a preservação de um direito.

Veja-se o ensinamento de Egas Moniz de Aragão no sentido do cabimento do mandado de segurança contra ato judicial (doravante utilizado no texto como sinônimo para ato jurisdicional), partindo de uma interpretação histórica:

> *Com tais antecedentes, que exaltam o respeito aos direitos dos cidadãos, a exegese do mandado de segurança não pode conduzir a amesquinhá-lo e sim a engrandecê-lo através da interpretação, pois ele é fruto do pensamento liberal dos que moldaram a "teoria brasileira do habeas corpus" e alargaram o cabimento dos interditos. Examinado em suas raízes históricas, a primeira conclusão a extrair em face da norma constitucional de que emanou é a de o mandado de segurança ser cabível contra atos judiciais, como tais considerados todos os que são praticados por juiz ou tribunal no desempenho da função jurisdicional, in procedendo ou in iudicando, assim nos processos da jurisdição dita contencionsa como nos procedimentos da jurisdição considerada voluntária*[376].

Antes do advento da Lei 1533/51, havia três correntes sobre o tema. Alguns autores tradicionais, caso do Ministro Bento de Faria[377], entendiam que era incabível o mandado de segurança contra ato judicial, em qualquer hipótese. O juiz não poderia figurar dentro do conceito de autoridade para este fim, já que era dado ao magistrado dizer da legalidade ou ilegalidade de um ato (inviável, pois, situá-lo como o autor da ilegalidade). Argumentava-se, também,

---

[376] ARAGÃO, Egas Moniz de. "Mandado de Segurança Contra Ato Judicial" in *Revista dos Tribunais, Volume 682*. São Paulo: Revista dos Tribunais, ano 81, agosto de 1992, p. 8.
[377] ARAGÃO, Egas Moniz de. *Op. cit.*, p. 9.

que a Administração é parcial (porque parte na relação jurídica com os administrados), enquanto o juiz ocupa uma posição de imparcialidade[378].

O equívoco desta corrente está no fato de que o juiz é imparcial no que diz respeito à solução da lide, ou seja, na relação jurídica processual existente entre as partes. Diante do processo, porém, o magistrado tem o poder-dever de agir. É obrigação sua agir de forma vinculada. Neste ponto, ele pode praticar ilegalidades, nada impedindo que seja visto como autoridade coatora para efeitos do mandado de segurança[379].

Outra corrente, que tinha por partidário o Ministro Octávio Kelly, entendia que era sempre cabível o *writ* nas hipóteses ora examinadas, equiparando-o, por ser uma garantia constitucional, ao *habeas corpus*[380]. Por fim, existia uma linha de pensamento moderado, como a do Ministro Carlos Maximiliano, admitindo excepcionalmente o cabimento do mandado de segurança contra ato jurisdicional, desde que a ilegalidade fosse gritante (teratológica)[381].

Quando foi publicada a Lei 1533/51, o quadro mudou por causa do art. 5º, II, que afirmava não ser possível a concessão de mandado de segurança quando diante de despacho ou decisão judicial de que haja recurso previsto nas leis processuais ou que possa ser modificada através de correição. Assim, os moderados que admitiam o *writ* em casos excepcionais, passaram a dizer que, com a previsão do recurso ou a possibilidade da correição do ato judicial,

---

378 BEZNOS, Clóvis. "O Mandado de Segurança Contra Ato Judicial" in *Revista do Advogado, nº 34*. São Paulo: Associação dos Advogados de São Paulo, julho de 1991, p. 43.
379 BEZNOS, Clóvis. *Op. cit.*, p. 43.
380 ARAGÃO, Egas Moniz de. *Op. cit.*, p. 10.
381 BEZNOS, Clóvis. *Op. cit.*, p. 42.

incabível seria o mandado de segurança. Tornaram-se, desta forma, os neotradicionais. Nesta época, surge a Súmula 267 do STF, que simplesmente repete o texto da lei: "não cabe mandado de segurança contra ato judicial passível de recurso ou correição[382].

Se a mencionada Súmula fosse considerada literalmente, jamais se poderia impetrar o *mandamus* contra ato judicial, eis que não há, em nosso ordenamento positivo, ato desta espécie que não possa ser atacado por meio de recurso ou correição. Tal idéia perdurou até o 1973 (ano do julgamento, pelo STF, do recurso extraordinário RE n° 76.909)[383], quando atenuou-se o posicionamento corrente. Passou-se ao entendimento de que, nos casos em que a ilegalidade fosse manifesta e o dano irreparável, desde que o recurso ou a correição não fossem eficazes, justamente pela ausência do efeito suspensivo (no primeiro) e de antecipação liminar (na segunda), os erros judiciais poderiam ser corrigidos imediatamente via mandado de segurança[384].

Analisando os precedentes que levaram à elaboração da Súmula 267, Moniz de Aragão ensina que a mesma ultrapassou os limites em que deveria ter se contido. Nos julgados invocados, o mandado de segurança tinha sido considerado incabível contra atos ou decisões judiciais pelos seguintes motivos: a) porque no caso concreto não fora vislumbrada ilegalidade na decisão atacada (RMS 7.116); b) porque se tratava de reiteração de outro, não conhecido pelo tribunal local, já que a parte não se valera da reclamação (RMS 7.883); c) porque o tribunal local entendera-o incabível, acentuando, todavia, que o juiz não infringiu ne-

---

382 Idem, p. 43.
383 Ver a Revista Trimestral de Jurisprudência, Volume 70, p. 504.
384 ARAGÃO, Egas Moniz de. *Op. cit.*, p. 11.

nhum dispositivo de lei (RMS 8.472); d) porque o tribunal local entendera admissível o *writ* em tese, denegando-o por ausência de direito líquido e certo pela inexistência de segundos embargos que inexistem na lei processual (RMS 10.454)[385].

Enfim, quatro dos nove precedentes invocados pela Súmula 267 não concediam a segurança. Mas a razão não era o não cabimento do instrumento constitucional contra ato jurisdicional. A motivação, de uma forma geral, foi no sentido de que o tribunal não vislumbrou a qualificação de ato ilegal ou abusivo, causador de um dano irreparável à parte impetrante. Acresça-se a isto o fato de que nenhuma Constituição brasileira excluiu do controle jurisdicional via mandado de segurança as decisões judiciais.

Aliás, a redação do art. 5º, II da Lei 1533/51, ao impor restrições ao manejo do mandado de segurança contra ato jurisdicional, por certo que o admite. Se não fosse assim, para que restringi-lo? A Súmula 267 está há alguns anos superada. A solução que se deu após o advento da decisão do STF em 1973 foi no sentido de que é cabível o *mandamus* contra ato judicial sempre que, por ausência de efeito suspensivo ou inexistência de concessão de liminar, seja tal instrumento necessário para se impedir ou corrigir uma ilegalidade ou abuso de poder, ou afastar o dano irreparável, que por outro meio não seria possível evitar[386].

Os tribunais brasileiros têm admitido, sem problemas, o mandado de segurança para impugnar atos judiciais. A exigência que geralmente é feita é a mesma formulada pelo STF: que o ato impugnado seja capaz de gerar dano irreparável e que o meio recursal não seja capaz de obstá-lo.

---

385 ARAGÃO, Egas Moniz de. *Op. cit.*, pp. 11-12.
386 ARAGÃO, Egas Moniz de. *Op. cit.*, p. 12.

Exige-se, também, que a ilegalidade da decisão impugnada seja flagrante, de forma a caracterizar uma decisão teratológica[387]. Neste último ponto há, nos parece, um equívoco dos tribunais. A gravidade da ilegalidade, de fato, não deve ser levada em conta para permitir a impetração do remédio constitucional. O ordenamento jurídico não suporta esta "graduação de ilegalidades", fazendo valer o instrumento somente em casos aberrantes. Basta, simplesmente, que haja ilegalidade para a concessão do *mandamus*[388]. Como afirma Lúcia Valle Figueiredo, "a Constituição não condicionou a interposição de mandado de segurança a que o ato seja teratológico. A Constituição, como bem salientou Seabra Fagundes, não diz mais ser necessária 'manifesta ilegalidade'. Não diz"[389].

Com o advento da Lei 9139 (reforma do CPC), de 30/11/1995, a corrente que admitia o uso do mandado de segurança para dar efeitos suspensivos aos recursos modificou-se. O entendimento majoritário dos tribunais passou a ser no sentido de que, diante dos arts. 527, 557 e 558 (*caput* e parágrafo único), todos do CPC, tornou-se inviável a impetração de mandado de segurança com a finalidade de conseguir efeito suspensivo para agravo de instrumento ou apelação recebida somente no efeito devolutivo. O motivo é que, uma vez recebido o agravo de instrumento no tribunal (não sendo o caso de seu indeferimento liminar), o relator pode conceder efeito suspensivo ao recurso,

---

387 WAMBIER, Luiz Rodrigues. "Mandado de Segurança Contra Ato Judicial — Decisão Teratológica", *in Revista de Processo*, nº 70. São Paulo: Revista dos Tribunais, ano 18, abr/jun de 1993, p. 181.
388 BEZNOS, Clóvis. *Op. cit.*, p. 44.
389 FIGUEIREDO, Lúcia Valle. *Mandado de Segurança*. 4ª edição, revista, atualizada e aumentada. São Paulo: Malheiros, 2002, p. 201.

comunicando ao juízo *a quo* sua decisão (art. 527 do CPC), ou pode suspender a eficácia de provimento judicial do qual possa resultar grave lesão de difícil reparação até o pronunciamento definitivo da câmara ou turma (art. 558, *caput* do CPC), o que se aplica às hipóteses em que a apelação não tem o efeito suspensivo (art. 558, parágrafo único do CPC).

Veja-se, entretanto, que, mesmo diante destas inovações na legislação processual, ainda se aceita o mandado de segurança para imprimir efeito suspensivo à decisão judicial se o impetrante não lograr êxito no pedido de efeito suspensivo referido pelo art. 558 do CPC. Além de tal hipótese, há o posicionamento de parcela jurisprudência admitindo o *mandamus* ainda que não interposto o recurso cabível, ou porque impetrado contra decisão que, apesar de recorrível, tinha natureza provisória, ou contra decisão teratológica ou de flagrante ilegalidade (casos em que os tribunais afastam não só a Súmula 267 do STF, como também a Súmula 268 do mesmo pretório, que diz não caber mandado de segurança contra decisão judicial com trânsito em julgado)[390].

Levantam-se vozes na doutrina em defesa da utilização do mandado de segurança sem a necessidade de interposição de recurso. Defendendo uma interpretação mais liberal, Sérgio Ferraz menciona que os efeitos e as características dos atos jurisdicionais são de tal natureza que a ilegalidade ou arbítrio neles produzidos geram agravos permanentes e irreversíveis, fato que não se dá com o ato administrativo. Além do mais, deve-se usar, no mandado de segurança, a teoria geral do processo apenas naquilo que não restrinja seu alcance e âmbito de incidência, devido ao

---

[390] DI PIETRO, Maria Sylvia. *Op. cit.*, p. 644.

seu berço constitucional. Daí não ser necessária a invocação de teratologias e danos objetivamente irreparáveis, ou mesmo a inexistência de um recurso sem efeito suspensivo[391]. Clóvis Beznos, Maria Fátima Leyser, Moniz de Aragão[392], dentre outros, formam esta corrente, que, a nosso ver, está com a razão.

A Súmula 268 do STF já começa a ser amenizada pelos tribunais, que a afastam em caso de decisões teratológicas. O próprio STF a desconsidera à vista de situações de dano irreparável de grande monta e também de manifesta ilegalidade (sinônimo de decisão teratológica)[393]. A orientação contida na súmula deve realmente ser afastada: uma vez incidindo os requisitos constitucionais do *mandamus*, vale dizer, uma vez presentes o ato ilegal ou aquele realizado com abuso de poder, deve-se conceder a segurança. Não importa mesmo se a fase em que se encontra o feito é a de execução.

De toda forma, uma coisa julgada que ofende a Constituição pode ser facilmente classificada como teratológica. Claro, se, conforme entendem os tribunais, há uma graduação das ilegalidades, a ofensa às normas constitucionais está acima disto. Mais teratológico impossível. Afirma, neste sentido, Ivo Dantas que "quem quer que esteja diante de uma coisa julgada inconstitucional, tem o direito líquido e certo de contra ela se insurgir, exatamente pelo fato de que inconstitucionalidade é a pior das ilegalidades e a existência desta é pressuposto para a impetração do remédio heróico"[394].

---

391 FERRAZ, Sérgio. *Op. cit.*,p. 101.
392 Vide as obras desses autores citadas neste capítulo.
393 FERRAZ, Sérgio. *Op. cit.*,p. 101.
394 DANTAS, Ivo. *Op. cit.*, p. 602.

Expusemos tal raciocínio apenas para demonstrar que, mesmo adotando o posicionamento da jurisprudência, é possível a impetração do mandado de segurança contra a coisa julgada inconstitucional. Afirmamos, todavia, que não acolhemos esta graduação de ilegalidades ou o conceito de decisão teratológica. Entendemos, isto sim, que dentre as ilegalidades (referentes às normas ordinárias) não deve haver uma discriminação. Quanto às normas constitucionais, qualquer violação deverá ser tida por mais grave do que uma ilegalidade, com base no fato de constituírem o ápice da hierarquia do ordenamento jurídico. De qualquer forma, ao nosso ver, basta a presença de uma ilegalidade simples para o manejo do *writ*.

22.5. Liminar

A liminar em hipóteses de coisa julgada inconstitucional, nos termos do art. 7°, II da Lei 1533/51, ao nosso ver, deve ser concedida de plano. A violação da ordem constitucional, com a conseqüente lesão do direito do interessado, fazem com que estejam presentes seus pressupostos de concessão: *fumus boni juris* e *periculum in mora*. A concessão da liminar não configura uma antecipação de tutela, já que não se suspende o ato em si. Vale dizer, a liminar não retira do mundo dos fatos o ato eivado de inconstitucionalidade, mas apenas suspende seus efeitos[395], sendo que o mérito do mandado de segurança em questão visa, justamente, à desconstituição da coisa julgada inconstitucional.

É bom enfatizar, ainda, que a liminar não é concedida ao prudente arbítrio do juiz. Não há discricionariedade do magistrado nesta questão. Caso estejam presentes seus

---

395 FERRAZ, Sérgio. *Op. cit.*,p. 142.

pressupostos, deve a liminar ser concedida de imediato. Neste sentido, ensina Lúcia Valle Figueiredo que "a concessão da liminar exsurgirá da situação posta ao magistrado. Presentes seus pressupostos, tais sejam, relevância do fundamento e perigo da demora e sua inocuidade se concedida a ordem a final, o magistrado só dispõe de uma possibilidade: concedê-la"[396].

---

[396] FIGUEIREDO, Lúcia Valle. *Op. cit.*, p. 130.

23. QUERELA NULLITATIS

23.1. Origem

No direito romano, os *errores in procedendo* graves (ou seja, as infrações de regras processuais de grande relevância) resultavam na denominada *nulla sententia*. Esta não era equivalente ao que hoje se tem por sentença nula, nem por sentença anulável. Correspondia ao que a doutrina moderna chama de sentença inexistente. A melhor tradução, portanto, para o termo em latim, segundo a doutrina, seria "sentença-nenhuma" ou "não-sentença". Diante desta, não cabe se falar em preclusão ou coisa julgada[397]. Veja-se, o ensinamento de Barbosa Moreira sobre o tema:

> *Chamava-se em Roma* nulla sententia *ao pronunciamento judicial eivado de defeitos muito graves, notadamente de ordem processual; mas o conceito que se exprimia por tais palavras correspondia ao que hoje, apesar de reiteradas críticas doutrinárias, geralmente se designa pela locução "sentença inexistente" e implicava a desnecessidade do uso de qualquer remédio. Só muito*

---

[397] FABRÍCIO, Adroaldo Furtado. "Réu Revel Não Citado, *Querela Nullitatis* e Ação Rescisória", *in Ajuris*. Porto Alegre: Associação dos Juízes do Rio Grande do Sul, ano XV, n. 42, março de 1988, p. 10.

mais tarde, por influência do direito germânico, veio a firmar-se o princípio de que mesmo os errores in procedendo *precisavam ser denunciados por meios específicos, sob pena de ficar preclusa a sua argüição, prevalecendo para todos os efeitos a decisão viciada. Essa a origem da* querela nullitatis, *instituto que se desenvolveu no período intermédio, paralelamente à apelação, reservada em regra para a denúncia de supostos* errores in iudicando[398].

Verifica-se que, na Roma antiga, não existia um instrumento de impugnação chamado de *querela nullitatis*. Esta é criação do direito intermédio, que, estudando os institutos processuais romanos, percebeu a necessidade da criação de um remédio voltado especificamente para a impugnação dos *errores in procedendo*. Para os romanos, havia a *appellatio* (o protótipo dos recursos) e a *restitutio in integrum*, onde se identificam traços semelhantes aos das modernas ações impugnativas[399].

A *appellatio* era instrumento utilizado tanto pelas partes quanto pelos terceiros interessados, oralmente ou através dos *libelli appellatorii*. Firmou-se no ordenamento romano no período da *cognitio extra ordinem*, onde se oficializou a máquina judiciária e incluíram-se juízes na estrutura burocrática. Era interponível contra a *sententia*, não servindo para atacar as *interlocutiones*. Tinha por finalidade o reexame de decisões com base em *errores in judicando*, embora tenha sido usada, em certos casos, para impugnar a invalidade e não a injustiça da sentença[400].

---

398 BARBOSA MOREIRA, José Carlos. *Comentários ao Código de Processo Civil, Volume V cit.*, p. 230.
399 BARBOSA MOREIRA, José Carlos. *Op. cit.*, p. 230.
400 Idem, p. 410.

A *restitutio in integrum* não visava à impugnação de vício processual que estivesse a afetar a validade da decisão. Seu escopo era, diante da existência de algum motivo que, conforme a eqüidade, justificasse o reexame da matéria já julgada, impedir que o resultado iníquo tomasse uma roupagem perene na ordem jurídica[401].

Na Idade Média, ao lado da *appelatio* e da *restitutio in integrum*, havia a *querela nullitatis*, cujo objetivo era a correção dos erros processuais. Note-se, contudo, que não havia, à época, como se fazer uma distinção entre as ações impugnatórias autônomas e os recursos, aos moldes do que se faz hoje[402].

O instituto da *querela nullitatis* desdobrava-se em duas espécies: *querela nullitatis sanabilis* (para impugnar os *errores in procedendo* de menor gravidade) e *querela nullitatis insanabilis* (que visava a derrubar os *errores in procedendo* mais graves). A chamada *sanabilis* acabou por ser absorvida, nos sistemas modernos, pelo recurso de apelação. Já a mais grave (*insanabilis*), argüível mesmo após o trânsito em julgado da sentença (tendo em vista a presença de vícios não sanados pela preclusão máxima), transformou-se em outros remédios processuais[403].

Nos ordenamentos jurídicos francês e italiano, os fundamentos para a desconstituição da sentença passaram a ser alegados, unicamente, através de razões de recurso, perdendo toda a relevância fora desse âmbito[404]. A *appellatio* firmou-se como o único remédio, em vários países,

---

[401] Idem, p. 103.
[402] FABRÍCIO, Adroaldo Furtado. "Réu Revel Não Citado, *Querela Nullitatis* e Ação Rescisória" cit., p. 11.
[403] MACEDO, Alexander dos Santos. *Da Querela Nullitatis: Sua Subsistência no Direito Brasileiro*. 2ª edição. Rio de Janeiro: Lumen Juris, 2000, p. 49.
[404] BARBOSA MOREIRA, José Carlos. *Op. cit.*, p. 231.

apto à impugnação dos vícios processuais da sentença, sem a exclusão do papel que originariamente lhe cabia de instrumento de correção de injustiças[405].

Em outros sistemas, como o do direito luso-brasileiro, com resíduos romanísticos, a evolução não se deu da mesma forma. É possível identificar-se no texto das Ordenações a tese medieval de que as sentenças que contivessem vícios processuais precisavam ser impugnadas. O remédio próprio para tal necessidade seria um instrumento semelhante ao que atualmente se tem pela ação rescisória[406].

23.2. Natureza Jurídica e Requisitos

Segundo Adroaldo Fabrício, a pureza do objeto da *appelatio*, da *querela nullitatis* e da *restitutio in integrum* jamais realizou-se por inteiro nos diversos ordenamentos jurídicos, não se podendo esperar que se faça presente nos sistemas mais recentes[407]. No Brasil, pode-se dizer que a *querela nullitatis insanabilis* subsiste positivada nos embargos à execução, como a hipótese descrita no art. 741, I do CPC[408]. Esta é a opinião de Celso Neves, para quem o Código de Processo Civil de 1973 (da mesma forma que o de 1939) colocou a ofensa à coisa julgada entre os vícios a ensejarem a rescisão da sentença de mérito, enquanto deixou a hipótese do art. 741, I do CPC dentro do terreno da *querela nullitatis*[409].

---

405 Idem, p. 411.
406 Idem, p. 231.
407 FABRÍCIO, Adroaldo Furtado. *Op. cit.*, p. 12.
408 MACEDO, Alexander dos Santos. *Op. cit.*, p. 50.
409 NEVES, Celso. *Comentários ao Código de Processo Civil, Volume VII*. 7ª edição. Rio de Janeiro: Forense, 2000, p. 196.

Celso Neves, inclusive, cita uma decisão (sob a égide do Código Processual de 1939) do Tribunal de Alçada de São Paulo, reconhecendo a sobrevivência em nosso direito da *querela nullitatis insanabilis*, sob a forma dos embargos à execução ou de ação declaratória de nulidade. O objeto destes remédios, segundo o autor, é a nulidade absoluta que decorre da falta ou nulidade de citação da parte ré, correndo-lhe a ação à revelia. Por ser vício tão grave, a sanatória produzida pela coisa julgada não o cobre, fazendo com que o mesmo possa, a qualquer tempo, ser impugnado[410].

O Supremo Tribunal Federal, na década de oitenta, se pronunciou em favor da subsistência da *querela nullitatis*, através da ação declaratória de nulidade, no direito brasileiro. O Relator do acórdão foi o Ministro Moreira Alves, em julgamento da Segunda Turma do pretório, com decisão unânime, no Recurso Extraordinário RE 96374/GO, cuja publicação se deu em 11/11/1983, *in verbis*:

Ementa. AÇÃO DE NULIDADE. ALEGAÇÃO DE NEGATIVA DE VIGÊNCIA DOS ARTIGOS 485, 467, 468, 471 E 474 DO C.P.C. PARA A HIPÓTESE PREVISTA NO ARTIGO 741, I DO ATUAL CÓDIGO DE PROCESSO CIVIL — QUE É A DE FALTA OU NULIDADE DE CITAÇÃO, HAVENDO REVELIA —, PERSISTE, NO DIREITO POSITIVO BRASILEIRO, A QUERELA NULLITATIS, *O QUE IMPLICA DIZER QUE A NULIDADE DA SENTENCA, NESSE CASO, PODE SER DECLARADA EM AÇÃO DECLARATÓRIA DE NULIDADE, INDEPENDENTEMENTE DO PRAZO PARA A PROPOSI-*

---

410 NEVES, Celso, *Comentários, Vol. VII, cit.*, p. 197.

TURA DA AÇÃO RESCISÓRIA, QUE, EM RIGOR, NÃO É A CABÍVEL. RECURSO EXTRAORDINÁRIO NÃO CONHECIDO[411].

A doutrina, por sua vez, também entende subsistir, no Brasil, a *querela nullitatis insanabilis* na forma de ação declaratória de nulidade, a ser proposta no juízo de primeiro grau (salvo os casos de competência originária dos tribunais). Vejam-se a respeito as conclusões de Alexander dos Santos Macedo:

> *A ação declaratória de nulidade do processo — querela de nulidade —, com fundamento na falta ou nulidade de citação do réu revel, tem seus requisitos de admissibilidade extraídos do sistema do nosso CPC, à luz, principalmente, do disposto nos artigos 4º, 214, 245 e seu parágrafo, 250, 247, 741, inciso I.*
> *A ação pode ser ajuizada em qualquer tempo, porque, em relação a ela, não incide o fenômeno da preclusão*[412].

Quais seriam, no momento, os vícios a embasar o manejo da *querela nullitatis insanabilis*? Os textos doutrinários mencionam o vício de citação (permitindo a *querela* tanto na forma dos embargos à execução, quanto na da ação declaratória de nulidade). Seria esta a única hipótese a ensejar o manejo deste instrumento?

O vício de inconstitucionalidade a macular a coisa julgada é tão grave que, aos moldes do que acontece com o vício de citação mencionado, também encontra guarida nos embargos à execução, mais especificamente, no art. 741,

---

411 Extraído da Internet, na página do STF: www.stf.gov.br, jurisprudência, acessado em 20/12/2002.
412 MACEDO, Alexander dos Santos. *Op. cit.*, p 76.

parágrafo único, CPC (com a nova redação dada pelo art. 10 da Medida Provisória nº 2.180). Se recebe o mesmo tratamento pelo direito positivo, a mesma sorte merece: cabe, portanto, a impugnação da sentença com trânsito em julgado assim maculada, após o prazo de embargos à execução, através da ação declaratória de nulidade.

A inexistência jurídica do ato representa o vício mais grave que há no Direito, vindo, logo depois, a sua nulidade absoluta. Este último, no ramo processual, produz seus efeitos normais até que seja invalidado e, salvo exceções, reputa-se convalidado pelo trânsito em julgado da sentença, especialmente quando há o escoamento do prazo para a ação rescisória. Já o ato inexistente não produz efeitos em tempo algum (não existe, por isso não chega a valer)[413].

Moniz de Aragão ensina que "o Código consagra a inexistência e a nulidade absoluta a serem tratadas conforme as regras que lhes são peculiares. É errado, portanto, dizer que todos os vícios do processo são sanáveis"[414]. O que dizer, todavia, do art. 474 do CPC, quando dispõe que: "passada em julgado a sentença de mérito, reputar-se-ão deduzidas e repelidas todas as alegações e defesas que a parte poderia opor assim ao acolhimento como à rejeição do pedido"?

Deve-se interpretá-lo no sentido de existirem duas categorias de atos processuais diante do trânsito em julgado da sentença: atos com vícios sanáveis (que se convalidam com o trânsito em julgado da decisão judicial) e os atos com vícios insanáveis. Os vícios insanáveis são a inexistência e a

---

413 ARAGÃO, Egas Dirceu Moniz de. *Comentários ao Código de Processo Civil, Volume II*, 9ª edição revista e atualizada. Rio de Janeiro: Forense, 2000, p. 264.
414 ARAGÃO, Egas Dirceu Moniz de. *Comentários ao Código de Processo Civil, Volume II*, cit., p. 269.

nulidade absoluta; os sanáveis são a nulidade relativa, a anulabilidade e as irregularidades processuais[415]. Conclui-se, segundo Cláudio Penna Fernandez, que dois tipos de vícios "não são soterrados pela sentença irrecorrível, sendo passíveis de indigitação posterior: a inexistência e a nulidade absoluta (pode-se dizer que estes vícios constituem, em sentido amplo, uma categoria única, de nulidades insanáveis)"[416].

É necessário informar que esta posição não é, contudo, unânime entre os doutrinadores. Há autores que entendem que as três espécies de invalidade processual (nulidade absoluta, anulabilidade ou nulidade relativa e inexistência), por serem fenômenos intrínsecos do processo, com o seu encerramento, convalescem. A coisa julgada funciona, para estes autores, como uma "sanatória geral". Escreve Alexandre Freitas Câmara que "transitada em julgado a sentença, todos os vícios, até mesmo aqueles inicialmente tidos por insanáveis, estarão sanados. A coisa julgada, assim, faz desaparecer todos os vícios que tenham se formado ao longo do processo"[417]. Não nos filiamos a esta corrente.

A *res judicata* inconstitucional não pode ser classificada na categoria de ato inexistente. Juridicamente inexistente é o ato processual que não contém todos os seus elementos essenciais. Segundo Ada Pellegrini, "(...) à falta desses elementos, o próprio ato, intrinsecamente, não reúne condições para ser eficaz; fala a doutrina, nesses casos,

---

415 ARAGÃO, Egas Dirceu Moniz de. *Op. cit.*, p. 270.
416 FERNANDEZ, Cláudio F. Penna. "A Ação Declaratória de Inexistência ou de Nulidade de Sentença e o Processo Trabalhista — Querela de Nulidade" in *Revista da Ordem dos Advogados do Brasil, Vol. XXI*. Rio de Janeiro: Conselho Federal da Ordem dos Advogados do Brasil, ano XXIII, nº 56, jan/abr de 1992, p. 82.
417 CÂMARA, Alexandre de Freitas. *Op. cit.*, p. 223.

em 'não-atos'"[418]. Um exemplo de sentença inexistente, para a doutrina de uma forma geral, é aquela em que falta o dispositivo (art. 458, *caput* e inciso III do CPC)[419]. Como a sentença que contém o vício de inconstitucionalidade possui todos os seus elementos essenciais e produz todos os seus efeitos até ser desconstituída, não é um ato inexistente.

Adroaldo Fabrício, acolhendo classificação de Barbosa Moreira, entende que, do ponto de vista dos efeitos, os vícios que as sentenças podem apresentar são agrupáveis em três grandes classes: a) a dos que resistem à eficácia preclusiva da coisa julgada; b) a daqueles que podem servir de fundamento para a desconstituição da sentença através de rescisória (portanto, após o trânsito em julgado) e; c) a dos vícios que dispensam o uso da rescisória, sendo alegáveis via embargos à execução[420].

Segundo o raciocínio de Adroaldo Fabrício, as sentenças com o vício de nulidade ou de inexistência de citação encaixam-se no item "c" do parágrafo acima. Como já demonstrado, a coisa julgada inconstitucional segue o mesmo perfil do vício da ausência ou nulidade de citação, inserindo-se, pois, no mesmo item "c". O ato decisório, embora nulo, existe porque praticado onde, quando, como e por quem deveria ter sido praticado, dentro de uma estrutura processual constituída (ainda que irregularmente)[421]. Pode ser impugnado em ação rescisória, em embargos à execução e através da *querela nullitatis*.

---

[418] GRINOVER, Ada Pellegrini *et al*. *Teoria Geral do Processo*. 13ª edição revista e atualizada. São Paulo: Malheiros, 1997, 349.
[419] CINTRA, Antonio Carlos de Araújo. *Comentários ao Código de Processo Civil, Volume IV, cit.*, p. 277.
[420] FABRÍCIO, Adroaldo Furtado. "Réu Revel Não Citado" *cit.*, p. 9.
[421] FABRÍCIO, Adroaldo Furtado. *Op. cit.*, p. 18.

A nulidade em questão é absoluta e não relativa (o que faria com que a sentença com vício de inconstitucionalidade se tornasse sanável pelo advento da coisa julgada). Segundo Moniz de Aragão, "sempre que a norma tutelar um interesse público, sobre o qual as partes não têm o poder de disposição, a infringência acarretará nulidade absoluta"[422]. Galeno Lacerda, por sua vez, ensina que, quando a norma desrespeitada tutela o interesse da parte de forma preponderante, o vício é sanável, surgindo as figuras da nulidade relativa e da anulabilidade[423].

A coisa julgada infringe, *in casu*, a norma mais alta do ordenamento jurídico (a Constituição), que contém normas indisponíveis. A nulidade é absoluta. Não convalesce e pode se impugnada a todo tempo, também via *querela nullitatis* (ação declaratória de nulidade, sem prazo decadencial ou prescricional).

---

[422] ARAGÃO, Egas Dirceu Moniz de. *Comentários ao Código de Processo Civil, Volume II*, cit., p. 264.
[423] LACERDA, Galeno de. *Despacho Saneador*. Porto Alegre: La Salle, 1953, pp. 72-73.

24. CONCLUSÃO

O sistema constitucional brasileiro (com uma Constituição rígida) adota o princípio da supremacia das normas constitucionais. A Carta Política é a lei suprema (*the supreme law of the land*). Nenhuma manifestação de vontade ou ato jurídico tem validade se for com ela incompatível. Para garantir tal hierarquia, tem-se a fiscalização de constitucionalidade, que, entre nós, foi acolhida em modelo misto (difuso e concentrado).

A República Federativa do Brasil é constituída, nos termos do art. 1º da CF, em Estado de Direito. Daí decorrem importantes princípios, como o da legalidade. Este traduz-se na necessidade de que todos os órgãos que exercem o Poder Público (de quaisquer Poderes) obedeçam à lei e por ela pautem suas condutas. Note-se, contudo, que não apenas a lei, ato jurídico infraconstitucional, é de observância obrigatória. A Constituição, "lei das leis", deve ser respeitada acima de todas as normas jurídicas vigentes no Estado. Revela-se, desta forma, um "princípio de legalidade constitucional": leis, tratados, atos administrativos, sentenças e acórdãos lhe estão submetidos.

Nosso Estado Constitucional também está alicerçado no princípio da separação dos Poderes (na verdade, das funções), que requer um equilíbrio entre suas forças políticas (para que o Poder freie o Poder). Não se pode atribuir maior parcela do Poder estatal a um dos órgãos componentes. Todos devem ser harmônicos e equivalentes. Diante da submissão dos atos típicos dos Poderes Legislativo e Executivo ao controle de constitucionalidade, não se pode pretender uma imunização das sentenças e acórdãos que formam coisa julgada. Caso contrário, haveria violação ao art. 2º da CF. Os Poderes do Estado e, especialmente, seus atos típicos têm que ser tratados com igualdade, submetendo-se, sem exceção, ao crivo da Constituição.

Justiça e segurança jurídica também são princípios indispensáveis ao Estado de Direito. A segurança jurídica produz certeza e confiança nos indivíduos na busca do conhecimento sobre qual o direito aplicável. A justiça é a conformidade com a lei e, acima de tudo, com a mais importante de todas as leis (que é a Constituição). Correto, pois, entender-se que uma decisão judicial que contraria o Texto Fundamental é injusta ou violadora do princípio da justiça, além de gerar a incerteza nas relações jurídicas.

A coisa julgada é um instituto infraconstitucional que decorre da exigência de segurança jurídica. A retirada dos efeitos da *res judicata* eivada de vício de inconstitucionalidade é, pois, algo de excepcional. Ocorre em vista da hierarquia do ordenamento jurídico, onde sobressai o respeito às normas constitucionais em face de todas as demais.

Nesta operação, não há que se falar em ponderação entre a segurança jurídica e a justiça, buscando saber qual delas possui maior peso no caso concreto. Esses princípios não devem ser colocados em uma balança. A justiça é sempre objetivo do Direito e a segurança jurídica, antes de ser uma finalidade, é uma condição *sine qua non*, uma qualificação do próprio Direito em si.

Tomando-se justiça como igualdade, conclui-se que a Carta Magna deve valer igualmente para regrar a conduta de todos e ter suas normas aplicadas com isonomia diante de situações fáticas equivalentes. Há injustiça quando um número de pessoas é contemplado por decisões judiciais transitadas em julgado e, posteriormente, outras pessoas (na mesma situação fática) não podem obter pronunciamentos jurisdicionais no mesmo sentido, pelo fato de, nesse ínterim, o STF ter se manifestado pela inconstitucionalidade do ato normativo que as fundamentou.

Alguns autores afirmam que a coisa julgada encontra-se consagrada no art. 5º, XXXVI da CF. Não entendemos desta forma. Tal norma refere-se ao direito intertemporal: uma lei superveniente não pode retirar a eficácia da *res judicata* (portanto, não a revoga). A coisa julgada está positivada, apenas, na legislação infraconstitucional. Sua situação no Brasil é diferente daquela que ocorre em Portugal, onde o art. 282 n. 3 da Constituição portuguesa contempla expressamente a intangibilidade do caso julgado.

A *res judicata* revela-se como uma exigência de cunho político. Não assiste razão aos que entendem tratar-se de um reclamo de ordem natural. Na realidade, configura, tão-somente, uma necessidade de fundo prático, tendo em vista a sua utilidade para o bem-estar social.

A imutabilidade da sentença enquanto ato processual traduz-se por coisa julgada formal. A coisa julgada material ou substancial indica a mesma imutabilidade do ato jurídico processual, porém em relação ao seu conteúdo. Imutável é a decisão cujo conteúdo não admite modificação. A extensão desta imutabilidade faz com que haja a distinção entre coisa julgada formal e material. No primeiro caso, a imutabilidade se opera, apenas, no âmbito do processo em que foi proferida. No segundo, o conteúdo da sentença prevalecerá mesmo em face de processos distintos. O tema da coisa julgada inconstitucional diz respeito à coisa julgada material, já que esta tem a pretensão de perenidade.

A coisa julgada configura norma jurídica individual ou norma para o caso concreto. Quando viola a Constituição, não deixa de ser um ato existente. O problema não se dá no plano da existência, muito menos no da eficácia. A questão é de validade: o ato processual contém uma nulidade absoluta, que jamais convalesce. O vício de inconstitucionalidade é imprescritível, insanável.

Como norma jurídica de *status* ordinário, a coisa julgada submete-se ao princípio da supremacia da Constituição. O raciocínio empregado na desconstituição dos efeitos da coisa julgada inconstitucional é o mesmo usado para normas ordinárias em geral: aplica-se o critério da hierarquia para a solução de antinomias. A norma de menor porte cede diante da norma maior. Não há a necessidade de se socorrer da ponderação de interesses, que tem a desvantagem de apresentar uma valoração subjetiva entre os princípios diante do caso concreto.

Em nosso sistema processual positivo, existem instrumentos aptos ao ataque à *res judicata* inconstitucional. Apontamos a ação rescisória (art. 485, V do CPC), os embargos à execução (art. 741, parágrafo único do CPC), o mandado de segurança (art. 5º, LXIX da CF) e a *querela nullitatis* (ação declaratória de nulidade absoluta — art. 4º, parágrafo único do CPC).

Em regra, as decisões do STF em controle difuso não dão direito ao manejo dos instrumentos processuais supracitados com a finalidade de exclusão dos efeitos da coisa julgada inconstitucional. Salvo se a execução da norma jurídica declarada inconstitucional pelo STF for suspensa pelo Senado Federal, nos termos do art. 52, X da CF. Fora isto, só serão afastados os efeitos do provimento judicial se a norma em que se apóia a *res judicata* tiver sido julgada definitivamente em fiscalização abstrata de constitucionalidade pelo excelso pretório (quando a decisão tem efeitos *erga omnes*).

Liminar concedida em ação direta de inconstitucionalidade, por não ser definitiva e ter, em regra, efeitos *ex nunc*, não tem o condão de legitimar a impugnação dos efeitos do caso julgado através dos mencionados instrumentos processuais. O mesmo pode ocorrer nas decisões definitivas do STF em controle abstrato, quando este tribunal, nos termos do art. 27 da Lei 9868/99, pode conferir efeitos *ex nunc* ao julgado, fazendo com que os direitos que foram adquiridos no período em que a norma inconstitucional produziu efeitos permaneçam intocados. Neste caso, os atos jurídicos perfeitos anteriores à data daquela decisão (incluindo-se as sentenças inconstitucionais transitadas em julgado) estarão preservados. A decisão do STF valerá do momento de sua publicação para a frente.

A mesma coisa acontecerá se o STF fixar uma determinada data para que seu julgamento tenha eficácia. O ato normativo inconstitucional somente será extirpado do ordenamento jurídico daquele momento em diante. Assim, todas as coisas julgadas inconstitucionais que nele se basearam, anteriores àquela data, subsistirão.

A ação rescisória tem natureza jurídica constitutiva negativa ou desconstitutiva, apresentando-se como um remédio apto à eliminação da sentença que transitou em julgado. A lei processual civil não contempla, de modo expresso, o permissivo para esta ação por violação à Constituição. A hipótese da coisa julgada inconstitucional, todavia, pode ser enquadrada no art. 485, V do CPC. Interpreta-se a palavra "lei", do dispositivo *sub examen*, em sentido amplo. Esta possibilidade é pacífica em nossos tribunais.

A antecipação de tutela poderá ser requerida nesta ação. O art. 489 do CPC não constitui óbice a tal pretensão. Deve-se interpretá-lo da seguinte forma: a ação rescisória não tem o condão de suspender a execução do julgado rescindendo, a não ser que se trate da hipótese de incidência do art. 273 do CPC, que, por ser dispositivo genérico, aplica-se a todos os tipos de processo e procedimento. Alguns acórdãos recentes do STJ já admitem tal possibilidade.

Como a violação à Constituição é o maior vício que pode surgir no sistema jurídico, entendemos razoável fazer-se uma filtragem constitucional no art. 495 do CPC, para permitir a ação rescisória fora do prazo de 2 anos previsto para as hipóteses de violação da legislação infraconstitucional.

Se houver uma execução em curso, lastreada em título executivo judicial inconstitucional, poderá o devedor, ao ser citado para o seu cumprimento, valer-se dos embargos à execução, com fulcro no art. 741, parágrafo único do CPC. Trata-se da nova hipótese de inexigibilidade do título executivo, sob a redação da Medida Provisória 2.180-35/2001. Os embargos têm a função de retirar a eficácia da coisa julgada inconstitucional e encerrar, de modo definitivo, a ação executória.

O mandado de segurança é uma ação constitucional de cunho mandamental, que pode assumir feições condenatórias ou desconstitutivas (como acontece no caso do ataque à coisa julgada inconstitucional). Seus requisitos estão na Constituição. São eles a existência de direito líquido e certo (não tutelável por *habeas corpus* ou *habeas data*) e ato de autoridade pública ou agente de pessoa jurídica no exercício de atribuições do Poder Público, eivado de ilegalidade ou abuso de poder.

O *writ* é regulado na legislação infraconstitucional, em sua maior parte, pela Lei 1533/51 que prevê, no art. 18, um prazo de 120 dias para a sua impetração. Trata-se de prazo extintivo, pois se tem um direito temporário que, com o decurso do prazo legal, extingue-se (sem prejuízo do direito material do lesado, que, segundo o art. 16 da mesma lei, poderá pleiteá-lo via ação própria).

Tal prazo é inconstitucional. A Constituição não dispõe de forma semelhante, limitando o exercício do direito nela inserido, o que significaria uma espécie de integração do texto constitucional incompatível com o caráter rígido da Carta Política. A norma do art. 5º, LXIX da CF é de eficácia contida. A lei não poderia retirar o direito subjetivo ao remédio constitucional, fulminando-o através do decurso de um prazo.

A doutrina e a jurisprudência brasileiras admitem a impetração de mandado de segurança contra ato jurisdicional. A coisa julgada está inserida neste contexto. Defendemos o uso do *mandamus* para a desconstituição da *res judicata* inconstitucional. A Súmula 268 do STF, que menciona ser incabível o mandado de segurança contra decisão judicial transitada em julgado, tem que ser revista. Atualmente, os tribunais deixam de aplicá-la nos casos de decisões teratológicas. O STF também a desconsidera à vista de situações de dano irreparável de grande monta e também de manifesta ilegalidade. A violação da Constituição é situação tão grave que autoriza a aplicação do *writ* nesses casos.

Por fim, subsiste em nosso direito a antiga *querela nullitatis* na roupagem de ação ordinária declaratória de nulidade. Tal ação não está sujeita a prazo de decadência ou prescrição, podendo ser manejada a qualquer tempo para atingir a coisa julgada inconstitucional. Deve ser proposta no juízo competente de primeiro grau, salvo a competência originária dos tribunais. Não é, contudo, tão eficiente quanto os embargos à execução (cuja propositura suspende o curso da ação executória) ou o mandado de segurança (que é revestido de um procedimento mais célere).

Esta dissertação chega ao fim com a certeza de que o debate está, apenas, no início. O tema é extremamente complexo e os autores ainda têm muito a acrescentar e lapidar no campo da teoria, observando seu desenvolvimento na prática.

REFERÊNCIAS BIBLIOGRÁFICAS

ALEXY, Robert. *Teoria de Los Derechos Fundamentales*. Segunda reimpresión. Madrid: Centro de Estúdios Políticos y Constitucionales, 2001.
ALVIM, Arruda. *Manual de Direito Processual Civil, Vol. 2*. 7ª edição revista, atualizada e ampliada, 2ª tiragem. São Paulo: Revista dos Tribunais, 2001.
_____. "Mandado de Segurança" *in AJURIS*. Porto Alegre: Associação dos Juízes do Rio Grande do Sul, ano VIII, novembro de 1981.
ARAGÃO, Egas Dirceu Moniz de. *Comentários ao Código de Processo Civil, Volume II*, 9ª edição revista e atualizada. Rio de Janeiro: Forense, 2000.
_____. "Mandado de Segurança Contra Ato Judicial", *in Revista dos Tribunais, Volume 682*. São Paulo: Revista dos Tribunais, ano 81, agosto de 1992, p. 8.
_____. *Sentença e Coisa Julgada: Exegese do Código de Processo Civil (arts. 444 a 475)*. Rio de Janeiro: Aide, 1992, p. 218.
ASSIS, Araken de. "Eficácia da Coisa Julgada Inconstitucional" *in Revista Jurídica, nº 301*. Porto Alegre: Notadez, ano 50, novembro de 2002.
ÁVILA, Humberto Bergmann. "A distinção entre Princípios e Regras e a Redefinição do Dever de Proporcio-

nalidade" in *RDA, Vol. 215.* Rio de Janeiro: Ed. Renovar, 1999.

BARACHO, José Alfredo de Oliveira. *Processo Constitucional.* Rio de Janeiro: Forense, 1984.

BARBI, Celso Agrícola. *Do Mandado de Segurança.* 4ª edição. Rio de Janeiro: Forense, 1984.

BARBOSA MOREIRA, José Carlos. *Direito Aplicado II — Pareceres.* Rio de Janeiro: Forense, 2000.

_____. "A Eficácia Preclusiva da Coisa Julgada Material" in *Revista dos Tribunais.* São Paulo: Revista dos Tribunais, ano 61, nº 441, julho de 1972.

_____. "Ainda e Sempre a Coisa Julgada" in *Revista dos Tribunais.* São Paulo: Revista dos Tribunais, ano 59, nº 416, junho de 1970.

_____. "Antecipação da Tutela: Algumas Questões Controvertidas", in *Revista Síntese de Direito Civil e Processo Civil.* Porto Alegre: Síntese, Ano III, n. 13, set/out de 2001.

_____. "Eficácia da Sentença e Autoridade da Coisa Julgada" in *Ajuris.* Porto Alegre: Associação dos Juízes do Rio Grande do Sul, ano X, nº 28, julho de 1983.

_____. *Comentários ao Código de Processo Civil,Vol. V.* 9ª edição revista e atualizada. Rio de Janeiro: Forense, 2001.

_____. *O Novo Processo Civil Brasileiro.* 17ª edição, revista e atualizada. Rio de Janeiro: Forense, 1995.

BARROS, Suzana de Toledo. *O Princípio da Proporcionalidade e o Controle de Constitucionalidade das Leis Restritivas de Direitos Fundamentais.* 2ª Edição. Brasília: Ed. Brasília Jurídica, 2000.

BARROSO, Luis Roberto. *A interpretação e Aplicação da Constituição.* 3ª edição revista e atualizada.São Paulo: Saraiva, 1999.

_____. *O Direito Constitucional e a Efetividade de Suas*

Normas: Limites e Possibilidades da Constituição Brasileira. 4ª edição ampliada e atualizada. Rio de Janeiro: Renovar, 2000

_____. *Temas de Direito Constitucional, Tomo II*. Rio de Janeiro: Renovar, 2003.

_____. *Temas de Direito Constitucional*. 2ª edição. Rio de Janeiro: Renovar, 2002.

BEZNOS, Clóvis. "O Mandado de Segurança Contra Ato Judicial", *in Revista do Advogado, nº34*. São Paulo: Associação dos Advogados de São Paulo, julho de 1991.

BOBBIO, Norberto. "Legalidade" *in VVAA, Dicionário de Política, Vol. 2 (org. Norberto Bobbio, Nicola Matteucci e Gianfranco Pasquino)*. 5ª edição. Brasília: UNB, 2000.

_____. *Igualdade e Liberdade*. 3ª Edição. Rio de Janeiro: Ed. Ediouro, 1997.

_____. *Teoria do Ordenamento Jurídico*. 10ª edição. Brasília: UNB, 1999.

BONAVIDES, Paulo. *Curso de Direito Constitucional*. 10ª Edição. São Paulo: Malheiros Ed., 2000.

BORBA, Gustavo Tavares. "Embargos Desconstitutivos, Estudo Sobre Sua Constitucionalidade", *in Revista de Direito da Procuradoria Geral do Estado do Rio de Janeiro, nº 54*. Rio de Janeiro: CEJUR, 2001.

BUZAID, Alfredo. "Do Prazo Para Impetrar Mandado de Segurança", *in Revista de Processo, nº 53*. São Paulo: Revista dos Tribunais, ano 14, jan/mar de 1989.

CALAMANDREI, Piero. *Direito Processual Civil, Vol. III, Estudos Sobre o Processo Civil*. Campinas: Bookseller, 1999.

CALMON DE PASSOS, José Joaquim. *Comentários ao Código de Processo Civil, Vol. III*. 8ª edição. Rio de Janeiro: Forense, 2001.

CÂMARA, Alexandre Freitas. *Lições de Direito Processual*

Civil, Vol. II. 3ª edição, revista, atualizada e aumentada. Rio de Janeiro: Lumen Júris, 2000.

_____. "Lições de Direito Processual Civil, Vol. III. Rio de Janeiro: Lumen Juris, 2000

CANOTILHO, J. J. Gomes. *Direito Constitucional e Teoria da Constituição*. 4ª edição. Coimbra: Almedina, 2000.

CAPELLETTI, Mauro. *O Controle Judicial de Constitucionalidade das Leis no Direito Comparado*. 2ª Edição — Reimpressão. Porto Alegre: Sergio Antonio Fabris Editor, 1999.

CARNELUTTI, Francesco. *Sistema de Direito Processual Civil, Vol. I*. Campinas: Bookseller, 2000.

CARRÉ DE MALBERG, R.. *Teoría General del Estado*. Segunda edición, segunda reimpresión. México, D.F.: Fondo de Cultura Económica, 2001.

CHIOVENDA, Giuseppe. *Instituições de Direito Processual Civil, vol. I*. 2ª edição. Campinas: Bookseller, 2000.

CINTRA, Antonio Carlos de Araújo. *Comentários ao Código de Processo Civil, Vol. IV*. 1ª edição, 2ª tiragem. Rio de Janeiro: Forense, 2001.

CLÈVE, Clèmerson Merlin. *A Fiscalização Abstrata da Constitucionalidade no Direito Brasileiro*. 2ª edição revista, atualizada e ampliada, 2ª tiragem. São Paulo: Revista dos Tribunais, 2000.

COUTURE, Eduardo. *Fundamentos do Direito Processual Civil*. Campinas: RED Livros, 1999.

DANTAS, Ivo. "Coisa Julgada Inconstitucional: Declaração Judicial de Inexistência", in *Fórum Administrativo, nº 15*. Belo Horizonte: Fórum, ano 2, maio de 2002.

DEL VECCHIO, Giorgio. *Derecho y Vida*. Barcelona: Bosch, 1942.

DELGADO, José Augusto. "Efeitos da Coisa Julgada e os

Princípios Constitucionais", *in VVAA Coisa Julgada Inconstitucional (coordenador Carlos Valder do Nascimento)*. Rio de Janeiro: América Jurídica, 2002.

DALLARI, Dalmo de Abreu. *Elementos de Teoria Geral do Estado*. 24ª edição. São Paulo: Saraiva, 2003.

DI PIETRO, Maria Sylvia. *Direito Administrativo*. 14ª edição. São Paulo: Atlas, 2002.

DIAS, Francisco Barros. "Breve Análise Sobre a Coisa Julgada Inconstitucional", *in página da Justiça Federal do Rio Grande do Norte, on line*. Internet: www.jfrn.gov.br, acesso em 03/10/2000.

DINAMARCO, Cândido Rangel. "Relativizar a Coisa Julgada Material", *in Revista Síntese de Direito Civil e Processual Civil, Ano IV, nº 19*. Porto Alegre: Síntese, set/out, 2002.

DWORKIN, Ronald. *Taking Rights Seriously*. Eighteenth printing. Cambridge: Harvard University Press, 2001.

ENTERRÍA, Eduardo García e FERNÁNDEZ, Tomás-Ramón. *Curso de Derecho Administrativo, Vol. I*. Décima edición. Madrid: Civitas, 2000.

FABRÍCIO, Adroaldo Furtado. "Réu Revel Não Citado, *Querela Nullitatis* e Ação Rescisória", *in Ajuris*. Porto Alegre: Associação dos Juízes do Rio Grande do Sul, ano XV, n. 42, março de 1988.

FERNANDEZ, Cláudio F. Penna. "A Ação Declaratória de Inexistência ou de Nulidade de Sentença e o Processo Trabalhista — Querela de Nulidade" *in Revista da Ordem dos Advogados do Brasil, Vol. XXI*. Rio de Janeiro: Conselho Federal da Ordem dos Advogados do Brasil, ano XXIII, nº 56, jan/abr de 1992.

FERRAZ, Sérgio. *Mandado de Segurança (Individual e Coletivo) Aspectos Polêmicos*. 3ª edição, revista, atualizada e ampliada. São Paulo: Malheiros Editores, 1996.

FERREIRA FILHO, Manoel Gonçalves. *Curso de Direito*

Constitucional. 27ª edição atualizada. São Paulo: Saraiva, 2001.

FERREIRA, Pinto. *Curso de Direito Constitucional*. 10ª edição, ampliada e atualizada. São Paulo: Saraiva, 1999.

FIGUEIREDO, Lúcia Valle. *Mandado de Segurança*. 4ª edição, revista, atualizada e aumentada. São Paulo: Malheiros, 2002.

FORSTHOFF, Ernst. *Tratado de Derecho Administrativo*. Madrid: Instituto de Estudios Políticos, 1958.

GARCÍA MÁYNEZ, Eduardo."Los «Princípios Gererales del Derecho» y la Distinción entre Principios Jurídicos Normativos y No Normativos", *in VVAA, Scritti Giuridici in Onore di Piero Calamandrei, vol I*. Pádua: Cedam.

GOYARD-FABRE, Simone. *Os Princípios Filosóficos do Direito Político Moderno*. São Paulo: Martins Fontes, 1999.

GRAU, Eros Roberto. *O Direito Posto e o Direito Pressuposto*. 3ª Edição. São Paulo: Malheiros Ed., 2000.

GRECO, Leonardo. "As Garantias Fundamentais do Processo" *in Revista Jurídica*. Porto Alegre: Notadez, ano 51, número 305, março/2003.

GRINOVER, Ada Pellegrini *et al. Teoria Geral do Processo*. 13ª edição revista e atualizada. São Paulo: Malheiros, 1997.

_____. "Ação Rescisória e Divergência de Interpretação em Matéria Constitucional" *in VVAA, Estudos de Direito Processual em Memória de Luiz Machado Guimarães (coordenador: José Carlos Barbosa Moreira)*. Rio de Janeiro: Forense, 1997.

GUASTINI, Riccardo. "Legalità (Principio di)" *in Digesto*. 4ª edição. Turim: Utet, 1990.

HART, Herbert L. A.. *O Conceito de Direito*. 3ª edição. Lisboa: Editora Fundação Calouste Gulbenkian, 2001.

HESSE, Konrad. *A Força Normativa da Constituição*. Porto Alegre: Sergio Antonio Fabris Editor, 1991.
JURISPRUDÊNCIA do STF: , acessado em 2002/2003.
JURISPRUDÊNCIA do STJ: www.stj.gov.br, acessado em 2002/2003.
KELSEN, Hans. *Teoria Geral das Normas*. Porto Alegre: Sergio Antonio Fabris, 1986.
_____. *Teoria Geral do Direito e do Estado*. São Paulo: Martins Fontes, 2000.
_____. *Teoria Pura do Direito: Versão Condensada pelo Próprio Autor*. São Paulo: Revista dos Tribunais, 2001.
LACERDA, Galeno de. *Despacho Saneador*. Porto Alegre: La Salle, 1953.
LAVIÉ, Humberto Quiroga. *Derecho Constitucional*. 3ª edición, actualizada. Buenos Aires: Depalma, 1993.
LIEBMAN, Enrico Tullio. *Eficácia e Autoridade da Sentença*. 3ª edição. Rio de Janeiro: Forense, 1984.
_____. *Embargos do Executor (Oposições de Mérito no Processo de Execução)*. Campinas: M.E., 2000.
LIMA, Paulo Roberto Oliveira. *Contribuição à Teoria da Coisa Julgada*. São Paulo: Revista dos Tribunais, 1997.
LOEWENSTEIN, Karl. *Teoría de La Constitución*. Segunda edición. Barcelona: Ariel, 1976.
MACEDO, Alexander dos Santos. *Da Querela Nullitatis: Sua Subsistência no Direito Brasileiro*. 2ª edição. Rio de Janeiro: Lumen Juris, 2000.
MAXIMILIANO, Carlos. *Hermenêutica e Aplicação do Direito*. 19ª edição, 3ª tiragem. Rio de Janeiro: Forense, 2002.
MAYER, Otto. *Derecho Administrativo Alemán: Tomo I, Parte General*. Buenos Aires: Depalma, 1949.
MEDAUAR, Odete. *Direito Administrativo Moderno*. 6ª edição, revista e atualizada. São Paulo: Revista dos Tribunais, 2002.

MEIRELLES, Hely Lopes. *Mandado de Segurança, Ação Popular, Ação Civil Pública, Mandado de Injunção, "Habeas Data"*. 16ª edição, atualizada por Arnold Wald. São Paulo: Malheiros, 1995.

_____. *Direito Administrativo Brasileiro*. 20ª edição, atualizada por Eurico de Andrade Azevedo, Délcio Balestero Aleixo e José Emmanuel Burle Filho. São Paulo: Malheiros, 1995.

MELLO, Celso Antônio Bandeira de. *Conteúdo Jurídico do Princípio da Igualdade*. 3ª edição, 8ª tiragem. São Paulo: Malheiros, 2000.

MIRANDA, Jorge. *Manual de Direito Constitucional, Tomo II*. 4ª Edição. Coimbra: Coimbra Editora, 2000.

_____. *Manual de Direito Constitucional, Tomo IV*. 3ª Edição. Coimbra: Coimbra Editora, 2000.

_____. *Teoria do Estado e da Constituição*. Rio de Janeiro: Forense, 2002.

MIRANDA, Pontes de. *Tratado da Ação Rescisória das Sentenças e de Outras Decisões*. 5ª edição, corrigida, posta em dia e aumentada. Rio de Janeiro: Forense, 1976.

MONTESQUIEU, Charles de Secondat, Baron de. *O Espírito das Leis*. 7ª edição. São Paulo: Saraiva, 2000.

MORALES, Ángel Garrorrena. "Reserva de Ley" in VVAA *Temas Básicos de Derecho Constitucional (org. Manuel Aragon Reyes), Tomo I*. Madrid: Civitas, 2001.

MOREIRA NETO, Diogo de Figueiredo. *Curso de Direito Administrativo*. 12ª edição, totalmente revista, ampliada e atualizada. Rio de Janeiro: Forense, 2001.

_____. *Direito Regulatório, A Alternativa Participativa e Flexível para a Administração Pública de Relações Setoriais Complexas no Estado Democrático*. Rio de Janeiro: Renovar, 2003.

MORENO, F. Sainz. "Seguridad Jurídica" in VVAA, Temas *Básicos de Derecho Constitucional, Tomo I* (Manuel Aragón Reyes — coordinador). Madrid: Civitas Ediciones, 2001.

NERY JUNIOR, Nelson. *Princípios Fundamentais — Teoria Geral dos Recursos*. 5ª edição, revista e ampliada. São Paulo: Revista dos Tribunais, 2000.

NEVES, Celso. *Coisa Julgada Civil*. São Paulo: Revista dos Tribunais, 1971.

_____. *Comentários ao Código de Processo Civil, Volume VII*. 7ª edição. Rio de Janeiro: Forense, 2000.

NOVELLI, Flávio Bauer. "A Relatividade do Conceito de Constituição e a Constituição de 1967" in *RDA, Vol. 88*, 1967.

_____. "Segurança dos Direitos Individuais e Tributação", in *Revista de Direito Tributário — 25-26*, 1982.

OPPENHEIM, Felix E.. "Justiça" in VVAA, *Dicionário de Política vol. 1* (org. Bobbio, Matteuci e Pasquino). 5ª Edição. Brasília: Editora UNB, 2000.

OTERO, Paulo. *Ensaio Sobre o Caso Julgado Inconstitucional*. Lisboa: Lex, 1993.

PASTOR, Juan Alfonso Santamaría."Principio de Legalidad" in VVAA *Temas Básicos de Derecho Constitucional (org. Manuel Aragon Reyes), Tomo I*. Madrid: Civitas, 2001.

POLETTI, Ronaldo. *Controle da Constitucionalidade das Leis*. 2ª edição. Rio de Janeiro: Forense, 2000.

RADBRUCH, Gustav. *Filosofia do Direito*. 6ª Edição, revista e acrescida dos últimos pensamentos do autor. Coimbra: Arménio Amado — Editor, Sucessor- Coimbra, 1997.

ROSS, Alf. *Direito e Justiça*. São Paulo: Edipro, 2000.

SANTOS, Moacyr Amaral. *Primeiras Linhas de Direito Processual Civil, Vol. 3*. 17ª edição, revista e atualizada por Aricê Moacyr Amaral Santos. São Paulo: Saraiva, 1998.

SARMENTO, Daniel. *A Ponderação de Interesses na Constituição Federal*. Rio de Janeiro: Lumen Juris, 2000.

SCHIER, Paulo Ricardo. *Filtragem Constitucional: Construindo uma Nova Dogmática Jurídica*. Porto Alegre: Sergio Antonio Fabris Editor, 1999.

SCHMITT, Carl. *Teoría de la Constitución*. Segunda reimpresión. Madrid: Alianza Editorial, 1996.

SILVA, José Afonso. *Aplicabilidade das Normas Constitucionais*. 4ª edição revista e atualizada. São Paulo: Malheiros, 2000.

STERN, Klaus. *Derecho Del Estado de La Republica Federal Alemana*. Madrid: Centro de Estúdios Constitucionales, 1987.

TAVARES, André Ramos. *Curso de Direito Constitucional*. São Paulo: Saraiva, 2002.

TEMER, Michel. *Elementos de Direito Constitucional*. 13ª edição, revista e ampliada. São Paulo: Malheiros, 1997.

TEPEDINO, Gustavo. *Temas de Direito Civil*. Rio de Janeiro: Renovar, 1999.

TESHEINER, José Maria. *Eficácia da Sentença e Coisa Julgada no Processo Civil*. São Paulo: Revista dos Tribunais, 2002.

THEODORO JR, Humberto *et* FARIA, Juliana Cordeiro de. "A Coisa Julgada Inconstitucional e os Instrumentos Processuais para seu Controle" *in Revista Ibero-Americana de Direito Público, Ano 2, Volume III*. Rio de Janeiro: América Jurídica, 1º Trimestre de 2001.

_____. *Curso de Direito Processual Civil, Vol. I*. 21ª edição. Rio de Janeiro: Forense, 1997.

TRIBE, Laurence H.. *American Constitutional Law, volume one*. Third edition. New York: Foundation Press, 2000.

VELOSO, Zeno. *Controle Jurisdicional de Constitucionalidade*. 3ª edição revista, atualizada e ampliada. Belo Horizonte: Del Rey.

WAMBIER, Luiz Rodrigues *et al*. "Tutela Antecipada Pleiteada (e obtida) Em Ação Rescisória — TJPR", *in Revista de Processo*. São Paulo: Revista dos Tribunais, ano 21, nº 82, abr/jun de 1996, p. 291.

_____. "Mandado de Segurança Contra Ato Judicial — Decisão Teratológica", *in Revista de Processo, nº 70*. São Paulo: Revista dos Tribunais, ano 18, abr/jun de 1993.

WAMBIER, Teresa Arruda Alvim e MEDINA, José Miguel Garcia. O *Dogma da Coisa Julgada, Hipóteses de Relativização*. São Paulo: Revista dos Tribunais, 2003.

_____. "Sobre a Súmula 343", *in Revista de Processo*. São Paulo: Revista dos Tribunais, ano 22, nº 86, abr/jun de 1997.

ZAGREBELSKY, Gustavo. *Il Diritto Mite*. Nuova edizione. Torino: Enaudi, 1992.

ZIPPELIUS, Reinhold. *Teoria Geral do Estado*. 3ª edição. Lisboa: Fundação Calouste Gulbenkian, 1997.

Impresso em offset nas oficinas da
FOLHA CARIOCA EDITORA LTDA.
Rua João Cardoso, 23 – Rio de Janeiro-RJ
CEP 20220-060 – Tel.: **2253-2073** - Fax.: **2233-5306**